전도근 박사의

자기주도학습 학생용 워크북

| **전도근** 저 |

HASA
프로그램 시리즈

3

HABIT OF
STUDY
ADOLESCENT

학생 이름		연락처	
학교명			
학습코치			
코칭 기간	년 월 일 ~ 년 월 일		

학지사

[내가 해야 할 일]

- 정확한 꿈을 세운다.
- 꿈을 이루기 위해 학습 목표를 세운다.
- 꿈을 이루기 위해 공부습관을 정착한다.
- 공부방법을 익힌다.
- 공부에 관련된 문제를 해결한다.
- 도전의식을 갖는다.
- 공부에 대한 자신감을 갖는다.

[나의 다짐]

- 나는 대단한 사람이다.
- 나는 무엇이든지 할 수 있다.
- 나는 다른 사람에게는 없는 특별한 능력이 있다.
- 나는 모든 일에 최선을 다한다.
- 나는 성공할 수 있다.
- 나는 위대하다.
- 나는 자랑스러운 사람이다.
- 실패는 성공의 어머니다.
- 나는 좌절하거나 포기하지 않는다.

자기주도학습 교육과정안

시간	구분	내용	활동지
1	비전설정	과정 안내 및 자기주도학습의 개념	
2		자아정체감 형성	1~2
3		적성에 따른 진로지도	3~4
4		흥미와 가치관에 따른 진로지도	5~6
5		가치관과 성격에 따른 진로지도	6~7
6		가정환경에 따른 진로지도, 진로 결정	8~9
7		꿈 세우기	10
8	학습동기 유발	공부의 목적 알기	11
9		자기효능감 높이기	12~13
10		귀인 변환하기, 성취감 높이기	13
11		공부에 대하여 긍정적 생각 가지기	14
12		주의집중력 높이기 1	15
13		주의집중력 높이기 2	16
14		무기력과 나태함 제거하기	
15	학습 전략	읽기능력 높이기	17~18
16		쓰기능력 높이기	19~20
17		노트 필기 전략	
18		기억력 높이기	
19		암기력 높이기 1	21
20		암기력 높이기 2	22
21		예습 · 복습 전략	
22		수업 몰입하기	
23		시험공부 전략	
24		과목별 공부방법	
25		공부습관 바꾸기	
26	학습자원관리 전략	시간관리 전략	23~27
27		부교재 선택 전략, 학원 선택 전략	
28		스트레스 관리 전략, 공부방 관리 전략	
29		수면관리 전략, 주변정리 전략	
30		인터넷 강의 수강 전략 정리	

차례

1. 자기주도학습이란 무엇인가

자기주도학습(Self-Directed Learning)이란 학습자가 주체가 되어 학습목표를 설정하고 학습전략과 학습자원을 선택하여 학습을 수행하고 학습결과를 스스로 평가하는 일련의 학습활동을 말한다.

2. 자기주도학습의 필수요소

자기주도학습 개념에서 보듯 자기주도학습은 기본적으로 학습자 스스로가 ① 학습동기 유발, ② 학습목표 설정, ③ 학습방법 선택, ④ 학습자원관리, ⑤ 학습결과 평가 등의 일정한 과정을 거치는 것이다.

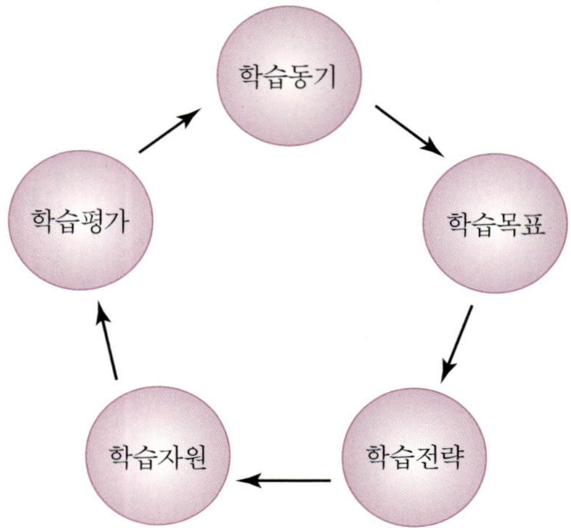

[그림 1-1] 자기주도학습의 필수요소

학습동기

학습동기 유발에 가장 큰 영향을 미치는 요소로는 학습자의 꿈과 목표, 자신감, 자아효능감, 자아성취감, 주의집중력, 공부에 대한 개념 파악, 공부에 대한 긍정적 생각 등이 있다.

학습목표

학습목표를 정확하게 세우기 위해서는 우선 학습자 자신의 상황에 대한 정확한 인식을 바탕으로 자신의 능력이나 수준을 고려하는 것이 중요하다.

학습전략

기초학습능력인 읽기 · 쓰기 · 셈하기 · 말하기의 원리, 예습과 복습 방법, 교과서 읽는 방법, 노트 필기하는 방법, 수업 듣는 방법, 암기방법, 시험 보는 방법 등에 대한 학습전략이 필요하다.

학습자원

• 인적자원: 학부모, 교사, 친구, 학원 강사

• 물적자원: 공부방, 교실, 책상, 의자, 교재, 참고서, 문제집, 컴퓨터, 휴대전화, 시간관리, 스트레스, 학원, 인터넷 강의 등

학습결과

학습결과 평가는 평가학습자가 공부를 마친 후 스스로 세운 학습목표에 얼마나 도달했는지, 학습방법은 적절했는지, 학습자원의 관리는 제대로 되었는지를 평가하는 것이다.

3. 수업, 자율학습, 자기주도학습의 차이

일반적으로 학습은 학교나 학원에서 듣는 수업, 스스로 하는 자율학습, 자기주도학습을 통해서 이루어지고 있다. 그렇다면 수업, 자율학습, 자기주도학습의 차이는 무엇일까?

표 1-1 수업, 자율학습, 자기주도학습의 차이점 비교

구분	수업	자율학습	자기주도학습
교과지도교사	○	×	×
시간관리	교사	교사	자신
주도자	교사	학생	학생
학습목표	교사	없음	자신
학습욕구	×	×	○
학습전략	×	×	○
학습자원관리	불필요	불필요	필요
학습평가	○	×	○
참여형태	수동적	수동적이거나 능동적	능동적
피드백	○	×	○
습관	×	×	○
기억효과	단기	중기	장기

4. 자기주도학습의 필요성

- 잠재능력을 개발한다.
- 창의적 인재를 만든다.
- 고기를 잡는 방법을 알려 준다.
- 성취감을 높여 준다.
- 공부습관을 정착시켜 준다.
- 공부에 관련된 문제를 해결해 준다.
- 학습효과를 높여 준다.
- 도전의식을 갖게 한다.
- 시간관리 습관을 갖게 해 준다.
- 잠재능력을 발견하게 해 준다.
- 공부에 대한 자신감을 갖게 해 준다.
- 행복을 증가시켜 준다.
- 정신 건강에 도움이 된다.
- 동기부여를 해 준다.
- 학습목표 달성에 도움을 준다.

5. 학습코칭에서 학생의 의무

코칭은 학습코치와 학생의 조화로운 어울림이나 통일로 완성되는 것이다. 그러나 통상적으로 학습코치는 조언자로서 적극성을 띠는 반면에, 학생은 수용자로서 소극적인 태도를 취하기 쉽다. 따라서 학습코칭이 효과적으로 이루어지길 바란다면 학생도 적극적으로 참여해야 하며, 적극적인 참여를 유도하기 위해서는 어느 정도의 의무가 있어야 한다. 학습코칭 과정에서 학생이 수행해야 하는 의무를 보면 다음과 같다.

- 학습코치의 상담을 충실히 따라야 한다.

- 자신의 비밀과 목표를 정확히 표현해야 한다.
- 자신의 어려움을 자유롭게 이야기해야 한다.
- 자신의 기대 수준을 학습코치에게 명확히 밝힌다.
- 학습코치를 존경하고 따라야 한다.

제2장 비전설정은 공부의 씨앗

비전설정
1) 자아정체감을 확립한다. 2) 자신의 적성, 흥미, 인성, 능력 등을 정확히 이해한다. 3) 꿈을 정확히 세운다. 4) 자신에게 맞는 직업을 선택한다. 5) 자신에게 맞는 진로로 진학 계획을 수립한다. 6) 일과 직업에 대한 건전한 가치관 및 태도를 형성한다.

↓

초등학교 (진로 인식)	• 자신의 가치관과 흥미를 안다. • 다양한 직업의 역할을 인식한다.
중학교 (진로 탐색)	• 자신의 능력, 적성을 정확히 이해한다. • 자신에게 맞는 직업을 분류하고 직업군을 탐색한다.
고등학교 (진로 준비)	• 자신에게 맞는 구체적인 직업을 선택한다. • 진로목표에 적합한 계획을 수립한다.
대학교 (진로 전문화)	• 구체적 직업 관련 지식과 습득 • 재교육, 현직교육, 승진을 위한 기술 훈련

↓

학교 영역	초등학교	중학교	고등학교
자아 이해	• 자신의 가치관 · 흥미 발견	• 자신의 능력, 적성에 대한 이해	• 자신의 꿈을 구체화
직업 이해	• 다양한 직업의 역할을 인식	• 자신에게 맞는 직업을 선택	• 자신에게 맞는 구체적인 직업을 선택
진로 계획	• 장래의 희망 설정 • 장래 희망 성취를 위한 방법 구상	• 직업 선택 • 진학 및 직업 준비 계획	• 구체적인 진로 계획과 선택 • 진학 및 직업 준비 계획

1. 자아정체감

꿈이 없는 학생들은 공통적으로 자아정체감의 형성이 늦다. 자아정체감은 자신의 성격, 취향, 가치관, 능력, 관심, 인간관, 세계관, 미래관 등에 대해 지속적으로 인식하고 있는 상태를 말한다. 한마디로 말해서 자아정체감은 자신이 누구인지, 무엇을 좋아하는지, 싫어하는지에 대한 판단을 오랫동안 유지하는 것이다.

성공한 사람들의 자아정체감은 중학교에 입학하기 전에 형성된 경우가 많다. 이는 초등학교 고학년이 될수록 추상적 사고가 가능해지고 막연한 꿈에서 벗어나 구체적인 꿈을 가질 수 있기 때문이다. 자아정체감을 형성해야만 중학교에서 무엇을 해야 하는지를 알게 되고, 이를 바탕으로 고등학교에서 인문계와 전문계 중에 선택하고 인문계에서도 이과와 문과를 결정하게 된다. 자아정체감은 대학 진학 시 학과 선택과 사회에서의 직업 선택에도 큰 영향을 미친다.

자아정체감을 형성하는 방법

- 자신의 성격을 정확히 파악한다.
- 자신이 무엇을 좋아하고 싫어하는지, 즉 자신의 취향을 파악한다.
- 자신의 행동에 영향을 미치는 가치관을 정립한다.
- 자신이 무엇을 잘하고 못하는지 파악한다.
- 자신의 관심거리가 무엇인지 파악한다.
- 자신이 좋아하는 사람과 싫어하는 사람의 유형을 구별한다.
- 자신의 세계관을 파악한다.
- 자신의 미래가 어떻게 전개될지 예측한다.

서울대학교출신의 배우 김태희는 10대 시절부터 앞으로 무엇을 하면서 살아야 할지를 고민했다고 한다. 그런 그녀도 10대 때는 자아정체감을 형성하지 못하고 특별한 목표를 정하지 못한 채 매우 방황했다고 한다. 그러나 점차 자아정체감에 대한 고민을 많이 하면서 자신에게 가장 맞는 일이 무엇인가를 찾았다. 그것은 바로 연기자가 되는 것이었다. 오늘날의 김태희가 있게 된 것은 바로 자아정체감을 형성하고 그에 따라 연기자가 되겠다는 목표를 세웠기 때문이다.

활동지 1 나는 어떤 사람일까?

자아정체감을 형성하기 위하여 자신이 어떠한 사람인지 알아보세요.

한글 이름		한자 이름	
이름의 뜻			
나이		성별	
아버지 직업		어머니 직업	
별명		혈액형	
취미		특기	
주소			

좋아하는 음식	
싫어하는 음식	
하루 중 좋아하는 시간대	
기분이 좋을 때	
기분이 나쁠 때	
가족들과 자주 하는 일	
좋아하는 사람	
좋아하는 색깔	
성격	
친구들은 나를 ……	
부모님은 나를 ……	
선생님은 나를 ……	

활동지 2 나의 가치관 찾기

이 활동의 목적은 여러분의 인생에서 무엇이 가장 중요한지를 알아보고 꿈을 설정하는 것입니다. 목표 란에 자신이 가장 하고 싶은 것 열 가지를 적고, 현재 수준에는 '◆' 를, 목표 수준에는 '●' 를 체크합니다. 모두 작성한 다음 현재 수준끼리, 목표 수준끼리 선을 그어 연결합니다.

목표 / 단계										
10										
9										
8										
7										
6										
5										
4										
3										
2										
1										

2. 적성과 진로

적성(適性)이란 특정 직업에 대한 각 개인의 적응 능력 또는 어떤 일에 알맞은 성질을 말한다. 즉, 적성이란 어떤 특수 영역에서 필요로 하는 기능을 쉽게 학습하고, 학습한 내용을 성공적으로 자신의 것으로 만들 수 있는 개인의 특수한 잠재 능력을 말한다. 지능이 일반적이고 포괄적인 능력의 가능성을 지칭하는 것에 반하여 적성은 구체적인 활동이나 직업에 대한 성공 가능성을 의미한다. 그러므로 개인의 적성을 알아야만 그에 따라서 올바른 진로를 선택할 수 있다. 여기서 말하는 '알맞은 성질' 이란 '천부적으로 타고난 성질' 을 의미한다고 보는 것이 타당할 것이다.

지구상에 존재하는 모든 생물체는 생존을 위한 독특한 성격과 감각을 천부적으로 타고난다. 개개인마다 생긴 모양이 다르듯이 천부적인 성격도 다르게 타고난다는 사실은 매우 중요하다. 따라서 적성에 맞는 직업을 갖게 되면 행복한 삶을 살 수 있지만, 이처럼 천부적인 성격을 무시한 채 무작정 직업을 갖게 되면 행복한 인생을 살아가기 어렵다.

적성 검사 기관

적성 검사는 인터넷을 통해서 빠르고 쉽게 진행할 수 있다. 체크하면 바로 결과가 나오기 때문에 매우 간편하고 쉽다. 검사는 무료와 유료로 진행되는데 큰 차이는 없으므로 〈표 2-1〉에 소개된 인터넷 검사 기관들을 참고하여 필요한 검사를 해 보면 된다. 기관마다 조금씩 차이가 있기 때문에 하나만 하지 말고 몇 개를 해 보는 것도 객관성을 높이는 데 도움이 된다.

표 2-1 적성 검사를 할 수 있는 기관

기관명	홈페이지 주소
커리어넷	www.careernet.re.kr
직업 길라잡이	www.vcpkorea.com
청소년세계(진로탐색 검사,인성 검사)	www.youth.co.kr/nukim_all.htm
적성 검사	www.idk.co.kr
한국 진로상담연구소	www.teensoft.net
홍익대학교 학생생활연구소(심리 검사)	www.hongik.edu/guidance

적성과 직업과의 관계

자기 소질이나 능력을 구체적으로 파악하여 적성에 맞는 직업을 선택하면 일에 대한 흥미나 창의력이 증가되어 직업에 대한 내면적 만족감이 커진다. 그러나 적성에 맞지 않는 직업 분야에서 일하면 작업에 능률이 오르지 않을 뿐만 아니라 직장 생활이 재미가 없고 불만이 싹트게 되므로 적성에 맞는 직업을 선택하는 것이 무엇보다도 중요하다고 할 수 있다.

적성 유형에 따른 관련 직업 분야를 나열하면 〈표 2-2〉와 같다. 그러나 사람에 따라 적성유형과 선택하는 직업은 다를 수 있다는 것을 명심해야 한다.

표 2-2 11가지 적성 유형과 관련 직업 분야

유형	의미	관련 직업
연구 능력	지시 사항, 사실, 원리를 추리하고 응용하는 능력, 복잡한 자료나 기초를 학습하고 암기하는 일반 학습능력	과학자, 연구원, 교수
언어 능력	정확한 의사소통을 위한 문장 이해 능력과 정보 및 자기 생각을 표현하는 능력	사회과학 연구가, 평론가, 논설위원, 안내원, 교사
수리 능력	정확하고 빠르게 계산하는 능력	사무 분야, 경리원, 회계원, 사무원, 판매원
사무지각 능력	유인물, 괘도, 표 등에서 문자나 기호를 정확하고 신속하게 식별하는 능력	프로그래머, 경리, 서기, 회사원
공간지각 능력	입체적 공간 관계를 이해하고 실제 물체를 회전 또는 분해했을 때의 형태를 상상하는 능력	설계, 건축, 미술, 가구 디자인 분야

형태지각 능력	물체나 도면을 비교 및 판별하여 형태나 명암의 근소한 차이를 알아볼 수 있는 능력	사진 제판, 제도 등의 사무 분야, 도안, 디자인 등의 응용미술 분야
운동조절 능력	눈과 손 또는 손가락을 같이 움직여 빠르고 정확하게 반응하는 능력	외과 수술, 치과치료 작업, 전자, 전기, 세공, 운동선수
손가락 재능	손가락을 사용하여 작은 물체에 신속하고 정확하게 반응하는 능력	정밀기계, 광학, 악기 연주, 공예, 예능 분야
손 재능	물체를 옮겨 놓거나 돌리는 등 손을 기능적이고 숙련되게 움직이는 능력	운전직, 기타 금속 부품 제작, 기타 신체적 작업 분야
기계추리 능력	각종 기계, 기구 및 물리학적 원리를 이해하고 추리하는 능력	토목, 기계, 조립, 시설 분야, 공장 기술자
척도해석 능력	척도, 그래프, 차트, 기계 등을 신속 정확하게 읽는 능력	이공학, 화학, 수학, 의학 분야, 실업 및 기술 분야

활동지 3 나의 적성은?

이 활동지를 통해 자신의 적성을 알아볼 수 있습니다. 이 활동을 통해서 자신의 적성을 찾고 어떤 직업을 선택하면 좋을지 생각해 보세요.

나의 적성은?

1. 내가 가장 잘하는 것을 찾아서 10가지를 적어 보세요.

①	②	③	④
⑤	⑥	⑦	⑧
⑨	⑩		

2. 위에 적은 내용을 앞 장의 11가지 적성 유형에 비추어 보았을 때 자신의 적성이 무엇인지 써 보세요.

____

3. 부모님이나 형제, 친한 친구 등 나를 매우 잘 아는 사람들로부터 잘한다고 칭찬받은 일들을 적어 보세요.

①	②
③	④
⑤	⑥

4. 위에 적은 내용을 앞 장의 11가지 적성 유형에 비추어 보았을 때 자신의 적성이 무엇인지 써 보세요.

____

5. 학교에서 실시한 적성 검사 결과는 어떤 유형의 적성이 높았습니까?

____

6. 위 세 가지의 조사를 비교하여 결과가 어느 정도 일치합니까? 일치하거나 일치하지 않는 이유가 무엇인지 적어 보세요.

____

7. 위의 세 가지 조사 결과를 종합하여 볼 때 나의 적성에 가장 적합한 직업은 무엇이라고 생각합니까?

____

활동지 4 나의 과목적성은?

내가 좋아하는 과목과 싫어하는 과목을 적어 보세요.

나의 과목적성은?		
구분	내가 잘하는 과목은?	내가 좋아하는 과목은?
이 과목과 관련된 직업군은?		
직업을 위해 준비해야 할 일은?		
흥미 검사와 적성 검사에서 동시에 제시된 직업군은?		
검사 결과를 통해, 새롭게 안 사실이나 느낀 점은?		

3. 흥미와 진로

흥미란 어떤 활동이나 사물에 대해 지속적으로 가지는 긍정적인 느낌을 말한다. 즉, 자신이 좋아하는 일에 관심을 나타내는 것이다. 직업에 대한 흥미 여부는 그 직업에 대한 만족감, 노력의 방향, 지속성을 결정짓는 중요한 역할을 한다. 그러나 어떤 분야에 흥미가 있다고 해서 반드시 그 분야의 직무를 수행하는 데 필요한 능력이 있다고 말할 수 없으며, 흥미 없는 직업 선택도 바람직하다고 할 수 없다. 흥미는 사람마다 강도가 다르고 계발 가능하며, 또한 퇴화할 수도 있기 때문이다.

> "항상 모든 일에서 재미를 찾으세요.
> 저는 실험을 할 때 놀이를 한다고 생각합니다.
> 책을 읽을 때도, 일을 할 때도 마찬가지입니다.
> 여러분도 그렇게 살아 보세요.
> 숙제도, 공부도, 회사 일도 모두 놀이라고 생각해 보세요.
> 그러면 항상 행복하게 살 수 있답니다."
>
> — 토머스 에디슨

따라서 흥미 있는 분야와 잘하는 분야가 조화된 일을 찾아보는 것이 무엇보다 중요하다.

흥미는 사람들의 견해와 방법에 따라 조금씩 다르게 분류되고 있으나, 거기에 내포된 의미는 거의 같다고 볼 수 있다. 다음과 같이 흥미를 분류할 수 있다.

표 2-3 흥미의 분류

유형	의미	관련 직업
문학적 흥미	시 · 문학 등 문예 활동을 위주로 한 감정 표현이나 아이디어 창조하기에 대한 흥미가 있음	문인, 저술가, 번역가, 어문학자, 편집인, 방송인, 시나리오 작가
과학적 흥미	물리학, 화학, 지구과학, 생물학, 생리학, 의학, 동물학, 식물학, 미생물학에 흥미가 있음	과학자, 공학자, 의사, 보건 관계자, 농학자, 심리학자
사회과학적 흥미	정치, 선전, 광고, 법률, 외교 등 집단, 언론, 설득에 흥미가 있음	법관, 교수, 정치가, 외교관, 교사, 상담사
기계적 흥미	기계, 금속, 조선, 섬유, 교통수단, 기계 공학적 원리를 이용하여 실제 상황에 적용하는 데 흥미가 있음	기술자, 기사, 건축사, 기계 조작 관련직
전기 · 전자적 흥미	전기 · 전자 공학 기술 및 기타 전자 제품을 다루는 활동에 흥미가 있음	전기 · 전자 기술자, 전자공학자, 컴퓨터 프로그래머
상업적 흥미	경제, 경영, 무역 관리 등 기업 운영과 경제적 활동에 흥미가 있음	경영인, 제조업자, 경제학자, 판매, 상업
봉사적 흥미	사회사업, 사회복지, 교육, 종교 등의 활동에 흥미가 있음	사회사업가, 성직자, 교직자, 간호사
권력적 흥미	권력과 지위에 흥미가 있음	경찰, 군인
사무적 흥미	회계, 계산, 경리, 서기 활동에 흥미가 있음	은행원, 사무원, 회계사, 법조인, 공무원
운동적 흥미	체육 활동이나 야외 활동에 흥미가 있음	스포츠 관계자, 운동선수, 심판, 체육지도자
음악적 흥미	성악, 기악, 작곡, 감상, 평론 등 음악 활동에 흥미가 있음	음악평론가, 성악가, 작곡가, 지휘자
미술적 흥미	회화, 조각 등 미술 활동, 디자인, 감상, 평론 등 미술적 활동에 흥미가 있음	미술평론가, 조각, 회화, 공예가, 보석감정사, 가구제작자
종교적 흥미	종교에 대한 흥미가 높고 돈과 지위에 대해서는 관심이 없음	종교인, 종교평론가, 철학가

활동지 5 나의 흥미는?

나의 흥미와 관련된 직업을 찾아보세요.

나의 흥미는?				
흥미 영역	과거	현재	미래	순위
문학적 흥미				
과학적 흥미				
사회과학적 흥미				
기계적 흥미				
전기 · 전자적 흥미				
상업적 흥미				
봉사적 흥미				
권력적 흥미				
사무적 흥미				
운동적 흥미				
음악적 흥미				
미술적 흥미				
종교적 흥미				

② 4위까지의 흥미에 맞는 나의 직업을 고른다면?	

4. 가치관과 진로

가치관이란 가치의 기준을 어디에 두느냐를 결정하는 자신의 관점을 말한다. 가치는 어떤 특수 대상이나 생활을 넘어서 행동 양식을 결정하고 존재의 목적을 반영하는 것이다. 태도는 특수 대상이나 사건에 한정되는 데 반해, 가치는 그것을 넘어선다는 차이점이 있다. 가치란 무엇을 좋아하거나 반대로 싫어하는 것을 결정하기도 하고, 또 어떤 식으로 행동하는가를 말하기도 한다.

사람들이 가지는 가치관은 매우 다양하다. 왜냐하면 각자가 가치 있게 생각하는 것이 다르고, 좋아하는 것이 서로 다르며, 서로가 다른 것을 추구하고, 다르게 행동하기 때문이다. 어떤 사람은 건강이 중요하다고 생각하기 때문에 건강관리에 비중을 두며, 또 어떤 사람은 사회적 명예와 지위를 굉장히 중요하게 여긴다. 또 어떤 사람은 학문을 중요하게 여겨서 그것에 비중을 두기도 한다. 이와 같이 가치관은 각자의 진로와 직업을 결정하는 데 중요한 역할을 하기 때문에 건전한 가치관을 세워서 개인적으로 만족감을 얻고 보람을 느끼며 생활하도록 하여야 한다.

가치관의 유형은 크게 이론형, 경제형, 심미형, 사회사업형, 정치형, 종교형 등 6가지로 나눌 수 있다. 가치관 유형에 따라 관련된 직업을 보면 〈표 2-4〉와 같다.

표 2-4 가치관의 유형과 관련된 직업

유형	의미	관련 직업
이론형	사물의 진리를 탐구하고 연구하며 가르치는 일에 보람과 긍지를 느낌	교사, 교수, 연구원, 학자, 과학자, 소설가, 평론가, 수학자, 교육가
경제형	돈을 벌어 부자가 되는 일에 가치를 두고, 경제적 활동에 큰 비중을 둠	소매상인, 도매상인, 유통업 종사자, 무역인, 경영인
심미형	예술에 대한 가치를 추구하는 것을 최고의 가치로 삼음	음악가, 체육인, 무용가, 음악평론가, 화가, 소설가, 스포츠 해설가
사회사업형	다른 사람을 위해 봉사하고 돕는 것을 최고의 가치로 삼음	사회사업가, 서비스업 종사자, 상담교사, 재활상담원, 간호사, 사회봉사자
정치형	권력을 중시하고, 리드하는 것을 최고의 가치로 삼음	정당인, 정치가, 군인, 경찰, 공무원, 시·도 의원
종교형	종교적인 것을 최고의 가치로 삼음	목사, 승려, 종교인, 신부, 수도사

출처: 김충기(2000). 진로교육과 진로상담. 서울: 동문사.

활동지 6 나의 가치관은?

이 활동지를 통해 자신의 가치관을 알아볼 수 있습니다. 자신의 가치관을 알아보고 그에 맞는 직업을 찾아보세요.

문제	답	이유
자신의 성격을 잘 나타내는 단어		
자신에게 없지만 갖고 싶은 성격		
고쳤으면 하는 성격		
나의 성격에 맞는 직업		
나의 성격에 맞지 않는 직업		

5. 성격과 진로

성격은 인성, 인품, 성품, 기질 등 다양한 용어로 표현되고 있어 정확한 정의를 내리기는 어렵지만 통상적으로 사회생활을 할 때 자기를 대표하거나 상징하는 참된 모습이라고 할 수 있다.

표 2-5 성격 유형에 따른 관련 직업

성격 유형	성격 특성	관련 직업
사고형	생각이 깊으며 모든 일을 신중히 처리하고 책임감이 강하다.	물리학자, 인류학자, 화학자, 수학자, 생물학자
안정형	변화를 싫어하고 한곳에 머물기를 좋아한다.	은행원, 공무원, 통계학자
사교형	매사에 적극적이고 활달하며 화술이 뛰어나다.	외교관, 사업가, 임상심리학자, 교육자, 목사, 상담사, 아나운서
냉담형	감정이 별로 없고 싸늘하게 느껴진다.	의사, 변호사, 판사, 검사, 경찰관, 요리사, 간호사
민감형	감정이 예민하여 조그만 일에도 민감하게 반응한다.	형사, 연출가, 탤런트, 배우
흥분형	다혈질로 감정 표현이 강하다.	응원단장, 치어리더, 운동선수
고독형	말이 없고 혼자 있기를 좋아하며 매사에 조심스럽다.	작가, 소설가, 시인, 화가
담대형	배짱이 두둑하고 겁이나 두려움이 없으며 모험적이고 저항적이다.	모험가, 탐험가, 발명가
활동형	말보다 행동이 앞서며 현실감각이 강하고 매우 정열적으로 임한다.	비행사, 기술자, 운전기사, 사회사업가, 농부, 낙농가
강인형	끈기가 있고 인내심이 강하여 하고자 하는 일은 쉽게 포기하지 않는다.	등산가, 탐험가, 항해사, 기관사, 승무원
예술형	감정이 풍부하고 예술적인 것을 좋아한다.	문학가, 음악가, 조각가, 화가, 극작가, 연출가, 성악가
지배형	다른 사람을 이끌고 지배하는 것을 좋아하고 화술이 뛰어나다.	정치가, 군인, 사회자, 경영인
독립형	의지가 강하여 다른 사람의 간섭을 싫어하고 독자적으로 판단하며 주장이 강하다.	사업가, 신문기자, 잡지 편집인, 낙농가, 약사, 개인 사업
내성형	사람 앞에 나서기를 수줍어하고 매사에 소극적이다.	디자이너, 미용사, 기사, 사진업, 문방구
순종형	복종하기를 좋아하고 얌전하며 차분하여 어디서나 잘 어울린다.	회사원, 공무원
태평형	낙천적이며 매사를 긍정적으로 생각한다.	농부, 농장 경영인

출처: 서울특별시교육연구원(1991). 학부모를 위한 진로 지도 100문 100답. 서울특별시교육연구원.

성격은 직업 선택 및 진로 발달에 중요한 영향을 미친다. 개인의 성격과 직업의 성격이 맞지 않으면 직무에 만족하지 못하거나 불안한 상태에서 일을 하게 되고, 성격과 직업의 성격이 맞으면 일의 효율성이 높아지기 때문이다. 또한 능력이 우수하더라도 성격이 원만하지 못하면 사람들과 함께 일하는 데 어려움을 겪는다. 이처럼 성격은 직장에서의 적응 가능성 여부를 결정짓는 데 중요한 요인으로 작용한다.

활동지 7 성격에 따른 직업 유형 찾기

이 활동지를 통해 자신의 성격에 따른 직업 유형을 찾을 수 있습니다. 자신에게 가장 잘 맞는 성격 유형을 선택한 다음 〈답지〉에서 유형을 찾아서 관련 직업을 적어 보세요.

1번 유형	2번 유형
____ 몇 번이고 생각하며 검토한다. ____ 여러 번 생각한 끝에 결정을 내린다. ____ 어떤 일이든 따지려 든다. ____ 일단 결정하면 행동으로 옮긴다.	____ 매사에 흥분하는 일이 별로 없다. ____ 마음을 편안하게 갖는다. ____ 덜렁대지 않는다. ____ 아무 걱정이 없다.
3번 유형	**4번 유형**
____ 쾌활하고 대화하기를 좋아한다. ____ 마음이 따뜻하다. ____ 새로운 환경에 끊임없이 도전한다. ____ 충동적이며 계획을 자주 변경한다.	____ 끈기가 있다. ____ 조용하다. ____ 동정심이 별로 일어나지 않는다.
5번 유형	**6번 유형**
____ 무슨 일이나 기분에 좌우된다. ____ 생각보다 행동이 앞선다. ____ 침착하지 못하다. ____ 행동의 쾌감을 느낀다.	____ 혼자서도 일을 잘한다. ____ 모든 일에 잘 참는다. ____ 실제적이고 현실적이다. ____ 강인해 보인다.
7번 유형	**8번 유형**
____ 무엇인가 창조하고 싶어 한다. ____ 자주 감동받는다. ____ 마음이 훈훈하다. ____ 누군가를 사랑하고 싶어 한다.	____ 다른 사람의 말은 듣기가 싫다. ____ 모든 일에 앞장서야 후련하다. ____ 항상 명령하는 위치에 있고 싶어 한다. ____ 어디서나 지배하는 사람이 되고 싶다.
9번 유형	**10번 유형**
____ 상상력이 풍부하다. ____ 다른 사람의 도움을 자주 구한다. ____ 부드럽고 점잖아 보인다. ____ 감정이 예민하여 조그만 일에도 놀란다.	____ 끈기가 없다. ____ 솔직하고 직선적이다. ____ 쉽게 당황한다. ____ 잘 긴장하고 침착하지 못하다.

11번 유형	12번 유형
____ 항상 혼자 있기를 즐긴다. ____ 낙엽을 사랑한다. ____ 달을 보면 울고 싶은 기분이 든다.	____ 배짱이 두둑하여 두려운 것이 없다. ____ 언제나 자신만만하다. ____ 담이 크다. ____ 법이나 질서를 쉽게 무시하기도 한다.
13번 유형	**14번 유형**
____ 내 주장대로 한다. ____ 지시나 충고를 받으면 불쾌하다. ____ 급진적이고 변화를 좋아한다. ____ 필요한 경우 정해진 규칙이라도 깬다.	____ 지시나 충고를 쉽게 받아들인다. ____ 전통적이고 관습적인 생각을 좋아한다. ____ 넌지시 제안한다. ____ 규칙을 잘 지킨다.
15번 유형	**16번 유형**
____ 조심성이 많다. ____ 앞에 나서기를 꺼려한다. ____ 부끄러움을 잘 탄다. ____ 심사숙고하여 결정한다.	____ 아무런 근심 걱정이 없다. ____ 모든 것이 잘되어 간다고 생각한다. ____ 평화로운 시골 풍경과 한가함을 좋아한다. ____ 나쁜 일은 쉽게 잊어버린다.

출처: 서울특별시교육연구원(1991). 학부모를 위한 진로 지도 100문 100답. 서울특별시교육연구원.

〈답지〉

유형	성격	관련 직업	유형	성격	관련 직업
1	사고형		9	민감형	
2	안정형		10	흥분형	
3	사교형		11	고독형	
4	냉담형		12	담대형	
5	활동형		13	독립형	
6	강인형		14	순종형	
7	예술형		15	내성형	
8	지배형		16	태평형	

6. 가정환경에 따른 진로지도

가정환경은 학생 개인에게 영향을 미치는 가정의 물리적, 심리적 환경을 모두 포함한다. 부모의 직업, 가족의 월 평균 소득, 부모의 학력 등이 학생들의 진로에 영향을 미치는 것으로 나타났다. 교육사회학에서는 개인의 사회경제적 배경, 출신 배경 같은 변인들이 장래에 얻게 되는 개인의 직업 지위에 영향을 미치고 있다는 것을 실증적으로 밝히고 있다. 즉, 부모의 사회경제적 지위가 자녀에게 직접적으로 세습된다고 보는 입장에서 이러한 점이 더욱 강조되고 있는 실정이다.

최근에 이루어진 진로 관련 분야의 연구들에 따르면, 사회경제적 변인이 직접적으로 직업 지위에 영향을 미치기보다는, 사회심리적 변인을 통하여 간접적으로 영향을 미친다고 보고하고 있다.

사회경제적 수준에 따라 사회적 반응, 교육을 받는 정도, 직업적 야망 등을 결정하는 심리적 환경이 달라지며 이것은 결국 개인의 직업 선택과 직업 발달에까지 영향을 미치게 된다는 것이다.

따라서 사회경제적 지위가 낮은 가정의 자녀들이 열망하는 직업과 그들이 실제로 가질 수 있을 것이라고 생각하는 직업 간에는 상당한 차이가 나타난다. 이러한 현상은 근본적으로 자신이 원하는 진로를 선택할 때 주위 환경이 허용하지 않을 것이라는 생각에서 기인하는 것이다.

활동지 8 나의 가정환경 조사하기

나의 가정환경을 생각해 보는 활동지입니다. 가족환경에 따라 내가 할 수 있는 직업이 무엇인지 찾아보세요.

나의 가정환경 조사하기			
구분	학력	직업	월 수입
아버지			
어머니			
나의 진로에 대해 가장 많이 걱정해 주시는 분은?			
이유는?			
나의 가족들은 내가 무엇이 되기를 바라고 있는가?			
이유는?			
만일 가족과 나의 의견이 다르다면 자신은 어떻게 할 계획인가?			
이유는?			

활동지 9 나의 진로계획 결정하기

지금까지 자신의 진로를 종합적으로 검토하여 결정해 보는 활동지입니다. 가장 알맞은 직업이 무엇인가를 찾아보세요.

나의 진로계획 결정하기		
구분	내용	직업
적성		
흥미		
가치관		
성격		
신체조건		
가정환경		
결과적으로 자신의 진로를 정한다면?		
선택한 직업		
선택한 직업이 하는 일		
선택한 직업의 월 보수		
선택한 직업을 위한 대학과 학과		
선택한 직업을 위한 자격증		

7. 꿈 세우기

꿈을 세우는 것은 공부습관을 형성하는 데 가장 중요한 부분이다. 자신의 공부의 지향점을 제시할 뿐만 아니라 자신이 제대로 공부를 활용하고 있는지를 판단하는 기준도 되기 때문이다.

성공한 사람들의 특징을 보면 여러 가지 공통점이 있지만 그중에서 가장 중요한 것이 하나같이 꿈을 크게 세웠다는 것이다. 결국 자신의 미래에 대한 꿈을 구체적으로 세운 사람일수록 성공에 이르는 비율이 높다는 것을 알 수 있다.

공부 못하는 학생의 특징

- 시험 시간표 발표가 나야 공부를 시작한다. 그런데 열심히 해도 성적이 오르지 않는다고 한다.
- 공부 계획을 세우는 데 시간을 모두 소비한다.
- 책상에 앉되 주변 정리로 한 시간 이상 소비하고 실제 공부 시간은 5분을 못 넘긴다.
- 항상 잠이 부족하다며 잠만 잔다.
- 참고서와 문제집을 모두 구입해서 책꽂이에 채워 놓고 보기 좋게 장식한다.
- 공부 때문에 스트레스를 받는다면서 텔레비전이나 컴퓨터가 스트레스를 해소하기 위한 소중한 도구라고 생각한다.
- 평상시에는 안 하고 벼락치기 공부만 한다.
- 인생은 공부보다는 인간성이 결정한다고 믿는다.
- 자신이 벼락치기의 천재라고 생각한다.
- 성공한 사람 중에는 학교도 제대로 못 나온 사람도 있다며 위안을 삼는다.
- 공부 못하는 친구들끼리 모여서 서로 위안을 삼는다.
- 친구가 공부보다 중요하다며 대부분의 시간을 사교 시간으로 보낸다.
- 수업시간에 딴짓하는 일이 익숙하다.
- 공부를 못하는 것은 머리가 나빠서라며 당연하게 생각한다.

활동지 10 비전선언문 작성하기

나의 꿈을 정하고 꿈을 이루기 위한 비전선언문을 작성해 보세요.

1. 나는 남들보다 ________________이 뛰어나다.

2. 나의 성격은 ________________편이다.

3. 나의 장래 꿈은 ________________다.

4. 꿈을 실현하기 위해서 나는 ________________에 진학할 것이다.

5. 내가 그 사람을 닮고 싶은 이유는 ________________을 가지고 있기 때문이다.

6. 내가 그 사람과 비슷한 점은 ________________것이다.

7. 내가 그 사람과 다른 점은 ________________한다는 것이다.

8. 내가 그 사람보다 더 멋진 점은 ________________을 가졌다는 것이다.

9. 꿈을 이루기 위해서 지금까지 노력해 온 일은?

____

10. 꿈을 이루기 위해서 앞으로 반드시 해야 할 일은?

____

11. 나의 올해 목표는?

____

12. 나의 하루 생활 목표는?

____

제3장 학습동기는 공부의 기둥

학습동기란 공부하고 싶은 마음을 말한다. 따라서 학습동기가 생기지 않고서는 절대 공부를 잘할 수 없다. 하고 싶을 때 공부를 해야 주의력과 암기력이 생겨 잘할 수 있는 것이지 억지로 한다고 되는 것이 아니기 때문이다. 공부를 하고 싶다는 동기유발이 확실하면 공부를 잘하게 해 주는 공부습관을 만드는 데 50%는 성공한 셈이다.

1. 공부의 목적 알기

공부가 무엇인지를 알고 해도 힘든데 공부가 무엇인지도 모르고 한다면 그만큼 더 어려울 수밖에 없다. 공부에 대한 정확한 의미를 모르고 공부를 하는 사람은 목적지를 모르고 끌려 가는 소와 같다. 공부에 대한 개념을 정확히 아는 것은 공부를 통해서 얻을 수 있는 확실한 비전을 세우는 데 도움이 될 뿐만 아니라 오랫동안 공부를 지속하게 하는 힘을 준다.

표 3-1 공부의 의미

사전적 의미	학문이나 기술을 배우거나 익히는 것
목적적 의미	인간다운 삶을 보장받기 위해, 자아실현의 기회를 얻기 위해
학생들이 생각하는 공부의 목적	1. 시험을 잘 보기 위해서 하는 것 2. 좋은 대학에 가기 위해서 하는 것 3. 좋은 배우자를 얻기 위해서 하는 것 4. 좋은 직장을 갖기 위해서 하는 것 5. 신분 상승을 위해서 하는 것

내재적 학습동기를 높이는 방법

- 공부에 대해 호기심을 갖는다.
- 배움이 유익하다는 생각을 한다.
- 공부를 통해 성공할 수 있다는 자신감을 갖는다.
- 원하는 목표에 도달하면 스스로에게 보상을 해 준다.
- 모델을 선정하고 닮아 가도록 한다.
- 학습목표를 지인들에게 알린다.
- 목표에 도달하지 못했을 때 스스로에게 벌을 준다.
- 책상 위에 격려가 되는 말들을 적어 둔다.
- 공부하고 있는 과목에 흥미를 갖는다.
- 규칙적으로 휴식한다.
- 학습의욕이 높은 친구들과 사귄다.
- 성공한 미래를 꿈꾼다.

활동지 11 공부의 의미 알기

이 활동은 학생들이 공부의 정확한 의미를 파악할 수 있도록 하는 것입니다.

1. 자신이 생각하는 '공부' 란 무엇인지 자유롭게 적어 봅시다.

____

____

____

2. 공부는 왜 해야 하는지 자유롭게 적어 봅시다.

____

____

____

3. '공부' 라는 단어를 들으면 어떤 생각이 드는지와 그 이유를 자유롭게 적어 봅시다.

____

____

____

4. 공부를 하면 좋은 이유는?

____

____

____

2. 자기효능감 높이기

자기효능감은 특정 상황에서 자신이 할 수 있다고 생각하는 자신감을 말한다. 자기효능감이 높은 사람들은 어떤 일이든 자신감이 있기 때문에 일을 하더라도 꾸준히 할 수 있고 좋은 결과를 얻는다. 이러한 긍정적 사고와 행동은 결국 보다 좋은 성과로 이어지며, 스트레스나 강박관념 등에 덜 시달리게 한다.

뿐만 아니라 자기효능감 수준이 높은 학생들은 자기효능감 수준이 낮은 학생에 비해 도전적으로 공부를 하며 오랫동안 지속할 수 있고 성적도 좋다. 특히 자기효능감 수준이 높은 학생들은 도전에 실패해도 더 많은 노력을 하며, 공부할 내용이 어려워도 금방 포기하지 않는다. 반면에 자기효능감이 낮은 학생들은 자신을 부정적으로 보고 타인에 대해서도 부정적인 태도를 취하는 경향이 많다. 그래서 다른 사람을 욕하거나, 일이나 공부에서도 부정적이기 때문에 쉽게 포기하고 좋은 성적을 얻지 못한다.

활동지 12 나의 프로필 만들기

나만의 프로필을 만들어 보세요.

○○○의 프로필	
사진	

3. 귀인 변환하기

귀인이란 어떤 사건에 대해 자신의 입장에서 지각한 원인을 말한다. 귀인은 성공과 실패의 원인을 말하므로 공부에서의 귀인은 공부를 잘하거나 못하는 원인을 말한다. 따라서 공부를 잘하게 하는 방법은 공부를 못하는 원인을 찾아서 그것을 해결해 주는 것이다. 공부를 못하는 원인을 찾아 바꾸어 주는 것을 귀인 변환하기라고 한다.

표 3-2 귀인 변환하기

구분	해결방법
머리가 나쁘다는 경우	공부에 대한 소질이 없어도 공부방법을 알고 공부습관을 잘 들이면 공부를 잘할 수 있다.
	공부는 지능에 상관없이 지속적인 노력이 필요하다.
	학교 수업을 따라가기 어려운 것은 예습과 복습을 잘 안 해서이므로 예습과 복습을 잘하면 공부를 잘할 수 있다.
노력이 부족한 경우	공부하는 습관이 되어 있지 않으면 정확한 공부방법을 익히고 이를 습관화하면 공부를 잘할 수 있다.
	열심히 공부하지 않았기 때문에 앞으로 공부를 하면 공부를 잘할 수 있다.
	예습이나 복습이 부족해서 공부를 못했기 때문에 앞으로는 공부를 잘하기 위하여 예습이나 복습 습관을 길러야 한다.
	시험에 노력하지 않았기 때문에 좋지 않은 결과가 나왔다면 앞으로는 시험에 더욱 노력하면 좋은 결과를 얻을 수 있다.
시험이 어렵다고 생각하는 경우	시험 난이도가 너무 높아 성적이 낮다고 생각하면 다른 학생들도 어려운 것이기에 더욱 노력해야 하며 극복할 수 있다.
	시험 문제가 까다롭게 출제되었기 때문이라고 생각하면 다양한 예상 문제를 풀어 본다.
	문제가 교과서 밖에서 출제되었기 때문이라고 생각하면 참고서나 문제집을 공부한다.

4. 성취감 높이기

성취감이란 목표를 이루었을 때의 만족감을 말한다. 공부에 대해서 성취감을 느낀 학생들은 공부가 재미있어지고 하는 동안에도 즐겁다. 게임이 중독성이 있는 중요한 이유가 바로 짧은 시간에 성취감을 지속적으로 느끼게 해 주기 때문이다. 따라서 공부도 게임처럼 성취감을 느끼게 되면 공부가 즐거워지고, 공부에 대한 자신감을 고취시켜 오랫동안 공부에 집중할 수 있는 능력이 생긴다.

활동지 13 성취감 높이기

가. 스스로 계획을 세워 목표에 도달했던 것 3가지를 적고 실천한 후 소감을 적어 보세요.

1: ______________________ 소감: ______________________

2: ______________________ 소감: ______________________

3: ______________________ 소감: ______________________

나. 자신이 할 수 있는 것 3가지를 적고 실천한 후 소감을 적어 보세요.

1: ______________________ 소감: ______________________

2: ______________________ 소감: ______________________

3: ______________________ 소감: ______________________

다. 자신이 잘하는 것이 있다면? 그것을 했을 때의 느낌은?

잘하는 것:

____

그것을 했을 때의 느낌:

____

라. 자신의 자랑거리나 장점 3가지 적기

1: ______________________ 이유: ______________________

2: ______________________ 이유: ______________________

3: ______________________ 이유: ______________________

5. 공부에 대하여 긍정적 생각 가지기

긍정적인 생각이란 좋다고 인정하는 마음을 말한다. 긍정적인 생각은 어떤 일을 성공적으로 마치는 데 매우 큰 영향을 미친다. 즉, 공부에 대하여 긍정적 생각을 가지게 되면 공부를 잘하게 된다는 것을 의미한다. 사람의 뇌는 관심 있는 일에 초점을 맞추고 그렇지 않은 일은 금세 소멸시키기 때문에, 사물을 긍정적으로 보면 긍정적인 사고가 강화되지만 부정적으로 보면 그 반대가 된다.

공부에 대해서 즐겁다는 긍정적인 생각을 가지면 공부가 재미있어지고 공부를 하는 동안 즐겁기만 하다. 그러나 공부가 힘든 것이라는 부정적인 생각을 가지면 공부가 재미없어 지고, 하기 싫어서 포기하게 된다. 그리고 공부에 대해 부정적으로 생각하면 어쩔 수 없이 해야 하는 것이라고 생각하기 때문에 공부가 지겨워진다. 공부에 대해 긍정적 생각을 가지려면 다음과 같이 해 보자.

- 공부에 대해서 잘할 수 있다는 자신감을 갖는다.
- 공부를 잘하려고 하지 말고 즐기려고 한다.
- 긍정적인 생각으로 시작한다.
- 피할 수 없으면 즐기는 마음으로 공부를 시작한다.

활동지 14 긍정적 생각 가지기

1. 본인이 생각하는 자신의 장점을 적어 봅시다.

2. 선생님이나 친구들이 말해 주는 자신의 장점을 적어 봅시다.

3. 공부에 대한 긍정적 생각을 적어 봅시다.

6. 주의집중력 높이기

주의집중력이란 마음이나 주의를 한곳으로 모으는 힘을 말한다. 즉, 한정된 시간 동안 지속적으로 한곳에 모든 마음을 기울이고 몰입하는 능력이다. 공부할 때의 주의집중력이란 주변에서 어떤 일이 일어나든지 의식적으로 자신의 주의력을 공부하는 데만 기울이는 능력을 말한다.

표 3-3 주의집중력 장애요소

구분	내용	
환경적 요인	• 정리되지 않은 공간 • 불쾌한 환경	• 사람에 의한 방해 • 소음
심리적 요인	• 무기력한 태도 • 건망증 • 우유부단함 • 과도한 의욕	• 개인적 혼란 및 걱정 • 다른 사람의 말을 못 알아들음 • 실천력 부족 • 일어나지 않은 일에 대한 과도한 걱정
학습적 요인	• 완수하지 않은 공부의 방치 • 매사 불분명한 정의 • 불분명한 목표	• 과도한 공부 • 뒤로 미루는 습관 • 엉성한 계획
신체적 요인	• 피로	• 수면 부족
외부적 요인	• 불필요한 대화 • 우선순위의 변경과 충돌 • 휴대전화 • 음식 • 부모의 심부름	• 커뮤니케이션 부족 • 컴퓨터 게임 • 텔레비전 • 놀이 • 분쟁(다툼)

활동지 15 주의집중력을 떨어뜨리는 요소 열 가지 찾기

다음은 여러분이 공부할 때 주의집중력을 떨어뜨리게 하는 방해요소를 적는 활동지입니다. 열 가지를 모두 적고 가장 주의집중력을 떨어뜨리는 요소부터 순위를 매겨 보세요.

	방해요소	순위
1		
2		
3		
4		
5		
6		
7		
8		
9		
10		

활동지 16 주의집중력을 방해하는 요소와 해결책 찾기

주의집중력을 방해하는 요소를 심리적 요인, 학습적 요인, 신체적 요인, 환경적 요인, 외부적 요인으로 나누어 찾은 다음 그에 따른 해결책을 적어 보세요. 그런 다음 일주일 동안 그대로 노력해 보세요. 일주일이 지난 후 자신이 얼마나 변화했는지 스스로 평가하고 칭찬해 보세요.

구분	내용	해결책	칭찬하기
심리적 요인			
학습적 요인			
신체적 요인			
환경적 요인			
외부적 요인			

7. 무기력과 나태함 제거하기

무기력은 어떠한 일을 감당할 수 있는 기운과 힘이 없는 상태를 말한다. 나태함은 행동, 성격 따위가 느리고 게으른 것을 말한다. 공부에서 무기력과 나태함은 학습동기유발을 억제하므로 학습동기를 높이려면 무기력과 나태함을 없애야 한다.

무기력과 나태함은 선천적으로 가지고 태어나기보다는 후천적으로 가정이나 사회적, 문화적 환경의 영향을 받아서 굳어지는 경우가 많다. 무기력과 나태함은 단순히 사람을 게을러 보이게 할 뿐만 아니라 시간을 낭비하게 하는 시간도둑이라는 데 문제가 있다.

공부를 열심히 하던 사람도 어느 순간 공부에 지쳐서 공황 상태에 빠지고 이것이 장기화되면 무기력과 나태함에 빠질 수 있다. 골프 황제 타이거 우즈도 "나도 골프가 싫을 때가 있다."라고 말한 적이 있다. 이처럼 한 분야에서 성공한 사람들도 슬럼프에 빠질 때가 있는데, 이 슬럼프를 슬기롭게 탈출하지 못하면 무기력과 나태함에 빠지는 것이다.

무기력과 나태함은 아주 교활하다. 무기력과 나태함에 빠진 사람들은 항상 그럴듯한 핑계를 대고 자신을 합리화시킨다. 그러나 무기력과 나태함은 항상 결심을 흔들리게 하고 끝내는 주의집중력을 떨어뜨린다. 이러한 나태함을 극복할 때 다음과 같은 방법을 활용하면 효과가 있다.

- 공부를 하지 않았을 때의 결과를 상상해 본다.
- 나태함에 대한 보상체계를 세운다.
- 나중에 하면 더 쉬울 것인가를 생각해 본다.
- 주어지면 바로 실천한다.
- 어떤 공부든 쉽게 시작한다.
- 반성의 시간을 갖는다.
- 진행과정을 미리 구상한다.

제4장

학습전략은 공부의 줄기

학습전략이란 공부방법을 말한다. 게임이나 스포츠를 잘하거나 즐기려면 규칙을 제대로 알아야 하듯이 공부를 잘하기 위해서도 공부의 규칙인 공부방법, 즉 학습전략을 제대로 알아야 한다. 학습전략을 모르고 하는 공부는 규칙을 모르고 참여하는 게임이나 스포츠와 다를 게 없다. 게임이나 스포츠에서 규칙을 모르고 참여하면 실격을 당하거나 패배할 수밖에 없다. 이렇듯 학습전략을 모르고 하는 공부는 잘할 수도 없을뿐더러 아무리 잘 세운 학습목표라도 도달할 수 없다.

학습전략은 기초학습능력인 읽기 · 쓰기의 원리, 예습과 복습 방법, 교과서 읽는 방법, 노트 필기하는 방법, 수업 듣는 방법, 암기방법, 시험 보는 방법 등이라고 할 수 있다.

학습전략은 잘 알고 있지만 성적이 잘 오르지 않는 이유는 자기가 알고 있는 학습전략이 자신의 체질과 능력에 맞지 않기 때문이다. 아무리 좋은 옷이 있더라도 자기 몸에 맞아야 하듯이 효과적인 학습전략도 학습자의 수준이나 능력에 맞아야 한다.

1. 읽기능력 높이기

읽기능력이란 글을 읽고 그 뜻을 있는 그대로 이해하고 해석하는 능력을 말한다. 읽기능력은 국어뿐만 아니라 모든 과목에서 필요로 하는 기초적인 능력이다. 영어시험에서 아무리 영어 지문을 잘 해석했더라도, 그 뜻을 제대로 이해하지 못했다면 좋은 성적을 거두기 어렵다. 수학 공식을 아무리 많이 외웠다 하더라도 막상 문제의 뜻을 이해하지 못하면 문제를 제대로 풀 수가 없는 것이다. 그리고 응용된 문제는 아예 문제 자체를 풀지 못하는 경우가 있는데 이는 읽기능력이 부족하기 때문에 생기는 현상이다.

읽기능력이 부족한 학생들은 어휘력이 약하기 때문에 낱말 하나하나에 신경을 쓰다 보니 전체적인 맥락을 보지 못하게 된다. 뿐만 아니라 전체적인 맥락을 보지 못하니까 다 읽고 나면 머리가 복잡해지고, 머리가 복잡해지니까 배경지식을 활용할 여유가 없는 것이다.

읽기능력을 높이는 좋은 책을 선택하는 요령

- 재미있는 책을 선택한다.
- 구체적인 것을 제시하는 책을 선택한다.
- 역사를 바르게 인식할 수 있는 책을 선택한다.
- 자기의 수준에 알맞은 책을 선택한다.
- 학교 공부에 도움이 되는 책을 선택한다.
- 인생의 교훈이 되는 책을 선택한다.
- 생활에 도움이 되는 책을 선택한다.
- 상상력을 길러 주는 책을 선택한다.
- 성공한 사람들이 권하는 책을 선택한다.

교과서를 읽는 방법

교과서는 가장 중요한 학습서임에도 불구하고 요즘은 책이 무겁다거나 요약된 참고서가 편하다는 이유로 외면당하고 있는 실정이다. 그러나 전국 수석자나 수능 만점자 등 성적 우수생들은 공통적으로 교과서를 중심으로 공부했다고 이야기한다. 교과서를 잘 읽고 정리하면 개념을 이해하는 능력을 키울 수 있으므로 중요한 학습교재로 인식해야 한다.

읽기 준비 단계

주제와 관련해 자신이 알고 있는 배경지식을 떠올리며 읽기에 주의를 집중하도록 한다.

- 읽기 전에 미리 내용을 상상해 본다.
  - 제목을 가지고 상상하기
  - 책의 저자를 가지고 상상하기
- 글에서 알고 싶은 점을 문제로 만들어 보기

읽기 진행 단계

- 중요 내용에 밑줄 긋기
- 문맥을 활용해 낯선 어휘 이해하기
- 글 내용을 구조적으로 읽기
- 요약하기
- 메모하며 읽기
- 주제 찾기

읽기 후(後) 단계

책을 다 읽은 후에는 지금까지 읽은 내용을 전체적으로 조망해 보고, 독자 나름의 소견과 느낌을 자유롭게 정리하면 책을 다 읽었다는 성취감과 함께 즐거움을 얻을 수 있다.

- 비판하며 읽기
- 창의적 읽기

활동지 17 소설 읽는 방법

이 활동지는 읽기 능력을 향상시키기 위하여 글을 읽는 방법을 배우는 문제입니다. 글을 읽고 다음의 물음에 답하세요.

〈보기〉

피그말리온 효과는 그리스신화에 나오는 조각가 피그말리온의 이름에서 유래한 심리학 용어다. 피그말리온은 아름다운 여인상을 조각하였는데, 그 여인상을 진심으로 사랑하게 되었다. 여신(女神) 아프로디테는 그의 사랑에 감동하여 여인상에게 생명을 주었다. 그래서 현대에서는 사람을 칭찬하면 안 되는 일이 없다는 예로 피그말리온 신화를 들고 있다. 조각상도 사랑을 주면 사람이 되는데 사람을 칭찬하면 무엇이든 이룰 수 있지 않겠는가 하는 의미를 던져 주고 있다.

• 작품은 어떤 유형인가?

___

• 작품이 나에게 주는 감동은 어떤 것인가?

___

• 내가 이 작품에서 배워야 할 것은 무엇인가?

___

• 작품을 읽고 남는 것이 무엇인가?

___

활동지 18 읽기능력 점검

다음 글을 읽고 물음에 답해 보세요.

〈보기〉

이순신의 도전

이순신 장군의 삶은 도전의 연속이었다.

이순신 장군은 어릴 때부터 남다른 체격에 영특한 지혜가 있었으며, 당시 선비들도 당해 내지 못할 정도로 탁월한 문장 능력과 수려한 필체를 가졌다. 주변 사람들은 이순신의 능력을 알고 문관으로 벼슬길에 오르길 바라고 권했지만 이순신은 무관이 되겠다며 무술 공부에 열중하였다.

6년간 무술 공부를 하였지만 계속 과거에 낙방하다가 4년 뒤에 다시 도전하여 31세에 드디어 무과시험에 합격하였다. 다른 사람 같으면 자신이 잘할 수 있는 분야를 선택하여 편하게 살았겠지만 이순신은 새로운 분야에 도전하기로 결심하고 10년의 세월을 보내 늦은 나이에 꿈을 이룬 것이다.

이순신은 관직생활도 순탄하지 않았다. 첫 부임지는 지형이 너무 험해 새들도 드나들지 않는다는 함경도 삼수 땅이었는데 그곳의 권관(소대장)으로 부임하게 되었다. 그의 성실함으로 봉사(종 8품)의 지위에 올랐지만 강직한 성격 때문에 계속 상급자와 마찰을 빚어 원하지 않는 전출과 하급관리 생활을 전전하였고, 모함과 강등이 계속되었다. 그렇지만 이순신은 현실과 타협하지 않았고 자신이 목표했던 올바른 관리가 되겠다는 마음으로 일관하였다. 결국 수많은 어려움을 겪으면서도 타협하지 않고 1591년 41세에 마침내 전라 좌수사로 임명되었다.

이순신은 책임자가 되면서 상사와의 마찰이 줄고, 자신이 할 수 있는 역량이 많아짐에 따라 전쟁 준비에 몰두할 수 있었다. 임진왜란이 일어났을 때 이순신 장군의 눈부신 활약에 힘입어 남해안의 제해권을 완전히 장악할 수 있었고 이순신 장군에 대한 관심은 더욱 커져 갔다.

이순신 장군은 제1차 출전 이래 총 네 차례에 걸쳐 17회의 크고 작은 해전에 출전하였는데, 격침시키거나 사로잡은 배가 207척이었고 수리가 불가능할 정도로 대파한 적선은 152척이었다. 또한 왜병 33,780명을 전사시켰다. 이에 비해 조선 해군은 단 한 척의 배도 손실되지 않았고, 인명 손실은 전상, 전사자를 모두 합하여 243명에 그쳤다.

인류의 역사가 시작된 이래 세계의 어떤 전쟁에서도, 특히 해전에서 이런 기록이 없었다. 이순신은 전사할 때까지 23번의 크고 작은 해전에서 단 한 번도 패배한 적이 없었다.

1. 이 글의 주제는?

답

2. 이 글의 제재는?

답

3. 어렸을 때의 이순신은 어떠했는가?

답

4. 이순신은 어떤 역경을 겪었는가?

답

5. 어떻게 해서 성공하는 계기를 만들게 되었는가?

답

6. 이순신이 오늘날까지 존경받고 있는 이유는 무엇인가?

답

7. 이 글을 통해 무엇을 배워야 하는가?

답

8. 이순신이 살았을 당시와 오늘날을 비교했을 때 본받을 점은 무엇인가?

답

9. 나라면 어떠했을까?

답

10. 제목을 보고 상상할 수 있는 것은?

답

2. 쓰기능력 높이기

쓰기는 독자를 전제로 한다. 따라서 일방적으로 내 생각과 느낌을 표현하면 그만인 것이 아니라, 독자를 고려하여 내용의 선택과 표현을 조절해야 한다. 저자는 자기 생각과 느낌을 글로 나타내는 것이 쓰기의 전부라고 생각하고 독자가 그 글을 고스란히 받아들일 것으로 여긴다.

글을 잘 쓰는 방법

쓰기는 누구나 할 수 있지만 반면 남을 이해시키고 설득할 수 있는 글을 쓰는 것은 쉽지 않다. 학교에서 아무리 많은 지식을 배워 알고 있다고 해도 시험이나 과제에서 원하는 정답을 쓸 줄 알아야 좋은 성적을 얻을 수 있다. 또한 대학입시에서는 입시관계자에게 자신의 생각이나 주장을 이해시키고 그들을 설득할 수 있어야만 대학에 합격할 수 있다. 이처럼 글이라는 것은 쓴다고 되는 것이 아니라 독자가 이해하고 좋다고 해야 글을 쓰는 것이 된다. 따라서 좋은 글을 쓰기 위해서는 글의 구성 요소와 평가 항목에서 규정한 것들을 고려하면서 글을 써야 한다.

표 4-1 글의 평가 항목

구분	하위 항목
내용	독창성, 상상력, 풍부성, 참신한 제재, 주제의 명료성, 주제와 제재 · 내용의 연결, 주제 · 제재 · 제목의 긴밀성
조직	통일성, 일관성, 논리성, 문단의 구분, 사건이 일어난 순서에 따른 짜임새
표현	문체의 다양성, 풍부한 어휘, 정확한 어휘, 표준 어법, 다양한 문장 유형, 다양한 문장 구조, 관용법, 대조 · 비교 · 열거에 의한 효과적인 표현, 수식어의 적절한 사용, 독특한 글머리, 창의적인 대화문, 맞춤법, 문장부호, 띄어쓰기, 어순과 어법

목적에 따라 글쓰기 방법

표 4-2 목적에 따라 글쓰기 방법

종류	정의
생활문	우리가 생활하면서 보고, 듣고, 느끼고, 생각한 것을 글감으로 하여 쓴 글 - 처음, 중간, 끝의 짜임으로 대화글이나 실제 예를 들면 좋다.
논설문	어떤 사실이나 문제에 대해 근거를 제시하며 자신의 생각이나 의견을 주장한 글 - 서론, 본론, 결론의 짜임으로 자신의 생각이나 의견을 주장하고 근거를 든다.
설명문	어떤 대상이나 사실에 대해 알기 쉽게 풀어 쓴 글 - 처음, 중간, 끝의 짜임으로 중심 문장과 이를 뒷받침하는 보조 문장으로 나누어 쓴다.
전기문	남다른 경험이나 업적, 뛰어난 인격을 갖춘 사람의 발자취를 사실적으로 기록한 글 - 실존 인물의 일생이나 특별한 일화를 모아 시간의 흐름에 따라 정리해서 쓴다.
독서 감상문	책을 읽고 난 후 느낌이나 생각을 적은 글 - 일정한 형식은 없으므로 자신의 감상을 잘 나타낼 수 있는 방법으로 자유롭게 쓴다.
동화	어린이를 위하여 재미있게 꾸며낸 이야기 - 발단, 전개, 절정, 결말의 짜임으로 사건이 전개되고 해결되는 '기승전결' 구도가 좋다.
시	마음속에 일어나는 느낌을 노래하듯이 나타낸 글 - 행과 연으로 나누어 자신만의 독특한 생각과 느낌을 리듬감 있게 표현한다.
일기	하루 동안 일어났던 일을 쓴 글 - 하루 중 가장 인상 깊었던 일을 '육하원칙'에 따라 쓰면 좋다.
편지	떨어져 있는 사람에게 소식을 전하는 글 - 받을 사람 → 첫인사 → 할 말 → 끝인사 → 쓴 날짜 → 쓴 사람 순으로 쓴다.

쓰기 과정

주제 선정하기

주제 선정은 글의 목적을 말한다.

- 제목: 제목은 글 전체의 내용을 포괄하는 것
- 소재: 소재는 글의 바탕이 되는 재료로 주제를 다양한 내용으로 풀어내기 위

해 활용하는 글감을 뜻한다.

- 제재: 글에 쓰인 여러 가지 소재 중에서 가장 중심이 되는 이야깃거리를 말한다.

배경지식 활성화하기

배경지식이란 이미 알고 있는 지식으로 직접 경험한 것은 물론 책을 통해서 얻은 간접 경험과 지식을 말한다.

- 연상하기: 연상하기는 글을 쓰기 위해 자신이 이미 알고 있는 것을 기억해 내는 것이다. 그중에서 가장 흥미 있는 것을 골라 써야 할 제목이나 소재, 재재, 글의 내용으로 사용한다.
- 예측하기: 예측하기는 하나의 주제를 가지고 미래에 일어날 일이나 전개방향에 대해서 생각해 보는 것이다.
- 질문하기: 질문하기는 학생들의 발산적 사고를 자극할 수 있는 창의적 질문을 말한다.

아이디어 생성하기

아이디어는 스스로 생각을 키우는 정신활동이다. 아이디어를 통해 스스로 문제를 제기하고 답을 찾기도 하며 사물에 대해 나름의 정의를 내리기도 한다.

아이디어는 하루 이틀 노력한다고 해서 키워지는 것이 아니며, 오랜 시간 생활 속에서 길러진다. 브레인스토밍, 사전 활용, 신문 · 잡지 활용, 인터넷 활용 등을 통해 새로운 아이디어를 추출할 수 있다.

표현하기

좋은 아이디어를 가지고 있더라도 그것을 제대로 표현하지 못한다면 무용지물이다. 표현하기를 잘하려면 다음 사항을 고려해야 한다.

- 글의 짜임을 결정한다.
- 소주제를 배열한다.
- 비판한 후 주장하게 한다.

- 용어나 개념을 설명해 준다.
- 비교나 대조를 한다.
- 비유를 한다.

발표하기

글을 완벽하게 썼다면 발표를 해야 한다. 요즘 학교 성적에 발표도 반영되고 있다. 따라서 잘 쓰는 것도 중요하지만 발표를 잘하는 것도 중요하다.

활동지 19 자유롭게 상상해서 쓰기

다음 물음을 읽고 주어진 상황을 상상하며 적어 보세요.

1. 자동차가 하늘을 난다면?

답 ______________________________

2. 일주일이 10일이라면?

답 ______________________________

3. 학교가 없어진다면?

답 ______________________________

4. 하늘에 집을 짓는다면?

답 ______________________________

5. 쓰레기를 먹는 식물이 있다면?

답 ______________________________

6. 바다가 육지라면?

답 ______________________________

7. 석유가 없어진다면?

답 ______________________________

8. 나를 닮은 복제인간이 생긴다면?

답 ______________________________

9. 시간 여행이 가능하다면?

답 ______________________________

10. 우주 전쟁이 일어난다면?

답 ______________________________

활동지 20 글감 모아쓰기

'나의 꿈' 이라는 소재로 글을 쓰세요. 〈보기〉를 보고 물음에 따라 글감을 비슷한 항목끼리 묶어 보세요.

〈보기〉

꿈이란 / 잠을 잘 때 꾸는 것 / 이루고 싶은 것 / 소망하는 것 / 지금 당장 하고 싶은 것 / 나는 1999년도에 태어났다 / 나의 성격 / 활달하다 / 잘 웃는다 / 잘 운다 / 꼼꼼하다 / 말을 잘한다 / 여러 가지 직업 / 의사, 선생님, 변호사, 검사, 목사, 간호사, 수위아저씨, 경찰, 소방관, 프로게이머, 시나리오 작가, 가수, 미용사, 영화감독, 배우 / 엄마가 원하는 것 / 내가 꿈꾸는 것 / 왜 엄마는 의사가 되라고 하는가 / 나를 위해서 / 돈을 많이 벌 수 있다 / 존경받을 수 있다 / 사람의 생명을 살릴 수 있다 / 나는 감독이 되고 싶다 / 나는 배우가 되고 싶다 / 꿈은 꼭 하나여야 하는가 / 감독이 되고 싶은 이유 / 많은 사람들에게 감동을 줄 수 있다 / 여러 배우들을 내 맘대로 할 수 있다 / 내가 생각한 스타일로 영화를 만들 수 있다 / 배우가 되고 싶은 이유는 무엇인가 / 인기를 얻을 수 있다 / 연기를 통해 다른 사람들의 삶을 경험할 수 있다 / 배우 송강호가 좋다 / 단번에 뜰 수 있다 / 스타가 되면 돈을 많이 번다 / 배우가 되려면 / 감정이 풍부해야 한다 / 감정이 풍부해지려면 어떻게 해야 하는가 / 책을 많이 읽는다 / 다른 사람의 입장에서 생각한다 / 자기관리를 잘해야 한다 / 예쁘고 멋져야 한다 / 예쁘고 멋지지 않은 배우는 없는가 / 개성 있는 배우도 있다 / 꿈을 왜 가지는가 / 꿈이 있으면 행복하다 / 왜? / 내가 하고 싶은 것을 할 수 있다 / 꿈을 이루면 성공할 수 있다 / 꿈을 이루면 성공할 수 있는가 / 성공이란 무엇인가 / 모두에게 인정받는 것이다 / 내가 만족하는 것이다 / 성공한 사람은 누구인가 / 빌 게이츠, 유재석, 안철수, 김연아, 빌 클린턴 / 그들은 왜 성공했다고 하는가 / 한 분야에서 최고다 / 목표가 있으면 미리 준비할 수 있다 / 꿈을 이루면 어떻게 될까

1. 꿈이란 무엇인가?

답 ______________________________

____

2. 나는 누구인가?

답 ______________________________

____

3. 이루고 싶은 꿈은 무엇인가?

답 ______________________________

____

4. 엄마와 나는 왜 다른 꿈을 가지고 있나?

답 ______________________________

____

5. 꿈을 위해 어떻게 해야 하는가?

답 ______________________________

____

3. 노트 필기 전략

학교 현장에서 오랫동안 학생들을 지도해 본 교사일수록 공부 잘하는 학생들의 노트는 분명 다르다고 말한다. 현재 시중에는 공부와 관련된 수많은 책들이 난무하지만, 그중에서 필기와 관련된 책은 딱히 이렇다 할 만한 것이 없다. 그도 그럴 것이 노트 필기라는 것이 학습자라면 누구나 하는 것이라 언뜻 보면 별것 아닌 것처럼 보이기 때문이다. 하지만 분명한 것은 공부 잘하는 학생들이 노트 필기도 잘한다는 사실이다. 그렇다면 노트 필기에도 나름의 비법이 있다고 할 수 있다.

- 각 과목의 단원마다 학습목표를 필기한다.
- 수업 중에 선생님이 강조하거나 시험에 출제한다고 하는 것은 반드시 강조 표시한다.
- 필기한 것은 수업이 끝난 후에 다시 보고 복습에 활용한다.
- 노트 필기는 수업을 들은 후에 남는 시간에 필기한다.
- 수업시간의 필기는 자유롭게 하고, 방과 후에 깨끗하게 정리한다.
- 그림과 도표를 활용한다.
- 중요도에 따라 3가지 색깔을 사용하여 필기한다.
- 노트에 낙서를 하지 않도록 한다.
- 노트는 과목별로 작성하도록 한다.
- 스프링 노트는 가능하면 사용하지 않도록 한다.
- 글씨는 다른 사람들도 알아볼 수 있도록 쓴다.
- 노트의 줄을 많이 띄우지 않도록 한다.
- 수정할 때는 줄을 긋도록 한다.
- 노트 필기한 날짜나 연상할 수 있는 것을 같이 쓰도록 한다.
- 자주 반복되는 내용은 약어를 사용한다.

예 =(같다), ∴ (따라서), ∵ (왜냐하면), ≠ (같지 않다), ex (예), vs (대), cf (비교), ☆ (강조)

4. 기억력 높이기

기억력은 이전의 인상이나 경험을 의식 속에 간직해 두는 능력을 말한다. 기억력은 우리가 세상을 살아가는 데 필수적인 능력이다. 만약 우리에게 기억력이 없다면 매일 만나는 부모도 몰라볼 뿐만 아니라 학교에서 아무리 좋은 교육을 시켜도 기억에 남는 것이 하나도 없게 된다. 배운 것을 모두 잊어버린다면 사회는 혼란에 빠지게 되고 발전도 할 수 없다. 그렇기 때문에 기억력은 매우 중요하다.

망각을 줄이는 최고의 방법, 반복

에빙하우스는 인간의 기억은 시간의 제곱에 반비례하여 시간이 지날수록 기억을 더욱 빨리 잊어버린다고 하였다.

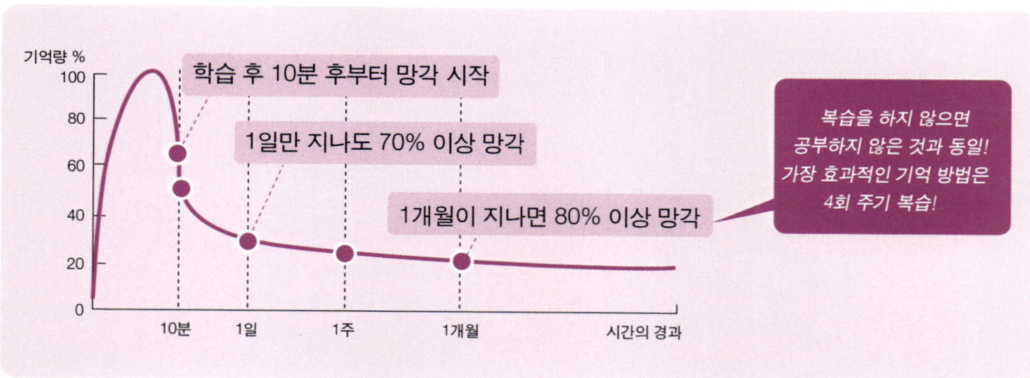

[그림 4-1] 에빙하우스의 망각곡선

결국 감소하는 기억을 오래 보존하기 위한 가장 좋은 방법은 반복학습이다. 따라서 기억을 오랫동안 유지하기 위해서는 망각곡선의 주기에 따라서 적절한 시점에 적절한 반복학습, 즉 복습을 하는 것이 중요하며 같은 양의 반복학습도 한꺼번에 오랫동안 하는 것보다 일정한 간격으로 여러 번 학습하는 편이 훨씬 더 효과적이라 할 수 있다.

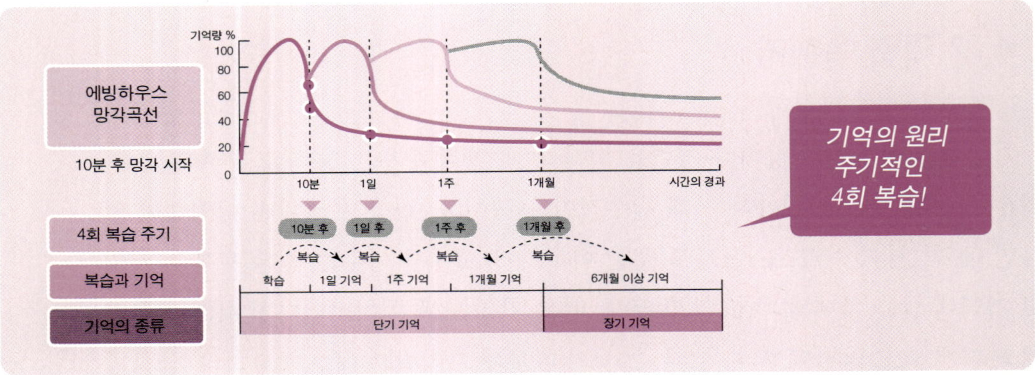

[그림 4-2] 반복 주기에 따른 기억 유지

마인드맵의 창시자인 부잔(Tony Buzan)은 1시간 학습한 후 바로 10분간 복습하면 1일 동안 기억이 되고, 24시간 뒤에 2~4분 동안 복습을 하면 7일 동안 기억되며, 7일 뒤에 2분 동안 복습하면 1개월 동안 기억이 되고, 1개월 뒤에 잠시 보면 6개월 이상 장기 기억된다고 하였다. 그 이후로 몇 달만에 조금씩만 보아도 영구 기억이 될 수 있다고 하였다.

표 4-1 장기 기억을 위한 효과적인 복습 주기

구분	시간 경과	복습량	기억 기간
1	1시간	10분	1일
2	24시간	2~4분	7일
3	7일	2분	1개월
4	1개월	조금	6개월
5	6개월	조금	반영구 기억

기억력을 높이는 방법

건강을 지키기 위해서 운동을 하듯이 기억력을 높이기 위해서도 뇌 운동이 필요하다. 우리의 뇌는 쓸수록 좋아지고, 쓰지 않을수록 기능이 빨리 사라지기 때문이다.

• 충분한 수면을 취한다.

- 스트레스를 받지 말아야 한다.
- 낙천적인 성격을 가져야 한다.
- 걱정을 버려야 한다.

기억력을 높이는 식습관

기억력을 높이려면 뇌에도 질 높은 영양 공급이 필수적으로 이루어져야 한다.

- 견과류를 먹는다.
- 등 푸른 생선을 먹는다.
- 인스턴트 음식은 기억력을 떨어뜨린다.
- 과식을 피한다.
- 알칼리 식품은 기억력 증진을 돕는다.
- 아침 식사를 거르지 않는다.

5. 암기력 높이기

공부에서 '암기' 란 학습내용을 외우는 것을 말하며, '암기력' 이란 머릿속에 입력한 것을 잊지 않는 힘을 말한다. 따라서 암기력이 높다는 것은 한 번 공부한 것을 오랫동안 기억하는 능력과 기억한 것을 잊어버리지 않는 능력이 있다는 말이다.

활동지 21 집단화해서 암기하기

다음 그림을 보고 성격이 비슷한 것끼리 분류한 다음 기억나는 대로 아래의 표에 이름을 적으세요. 그리고 집합으로 나누어 각각의 집합에 해당하는 사물의 이름을 써 넣으세요.

앞에서 본 그림 중에서 암기한 것들을 각각의 집합에 맞게 써 넣으세요.

집합의 이름	사물 이름
가구	
동물	
과일	
채소	
공	

활동지 22 잘라서 암기하기

다음 〈보기〉를 참조하여 글자를 외우기 쉽게 잘라서 암기해 보세요.

〈보기〉

잘노고우리나투키스뉴가파라가다

⇨ 잘노고-우리나-투키스-뉴가파-라가다

KALJALUBCKBOKOIMFTWOW

⇨

31415926535 8979323

⇨

6. 예습 · 복습 전략

예습 전략

예습이란 배워야 할 내용을 미리 살펴보는 과정이다. 예습은 마치 어두운 밤에 손전등으로 갈 길을 미리 비추어 보는 것과 같다. 갈 길을 미리 비추어 보면 어떻게 가야 할지에 대한 계획을 세울 수 있기 때문에 자신감을 가질 수 있다. 또한 길을 미리 보았기 때문에 기억하기도 쉽다.

예습도 마찬가지로 공부해야 할 것을 미리 살펴보는 과정으로 공부의 방향을 설정하는 데 도움을 준다. 아무런 정보가 없는 상태에서 배우는 것보다 예습을 바탕으로 해서 새로운 지식과 정보를 학습하는 것이다. 실제로 사람의 두뇌는 어떤 새로운 것을 학습할 때 기존에 알고 있는 사실과 연관 지을 때 더욱 효과적으로 기억하게 된다.

예습을 선행학습이라고도 하는데, 선행학습은 수업에 도움이 되기도 하지만 미리 모두 배웠다고 생각하면 정작 수업시간에는 긴장이 풀어져서 집중하는 데 방해가 되는 경우도 상당히 많다. 따라서 예습한 것을 바탕으로 선생님의 강의가 어떻게 다른지, 중요한 것이 무엇인지를 파악하는 것이 예습의 목적이다. 예습하는 방법을 보면 다음과 같다.

- 쉬는 시간을 이용해서 교과서를 읽는다.
- 오늘 배울 단원에 대한 개념을 정리한다.
- 교과서의 '읽기 전에'를 풀어 본다.
- 동영상 강의를 활용한다.
- 평소에 교과와 관련된 쉽고 재미있는 책을 읽는다.

복습 전략

복습은 공부한 것이나 그날의 수업내용을 당일에 훑어보는 것이 가장 효과적이며, 최소한 일주일 안에 복습해야 한다. 그리고 한 달에 한 번씩 다시 간단하게 복습하는 것이 필수다. 이러한 복습 습관을 길들이면 시험에 임박해서 벼락치기 공부를 하지 않아도 된다. 실제로 복습을 하지 않으면 시간이 지난 후에 다시 볼 때이 내용을 배웠나 싶을 정도로 잘 생각나지 않지만 한 번 복습한 내용은 다시 보면 빨리 기억이 나고 다시 공부하는 데 시간이 훨씬 적게 걸린다. 즉, 적은 시간만 들여도 매우 높은 효과를 볼 수 있는 것이 바로 복습이다.

복습은 배운 후에 빠른 시간 내에 반드시 하는 것이 좋다. 공부를 잘하는 학생들은 대부분 다음과 같이 복습을 하고 있다.

- 다른 사람을 직접 가르쳐 본다.
- 쉬는 시간을 이용하여 복습한다.
- 오늘 배운 것은 집에서 다시 전체적으로 복습한다.
- 수업시간의 필기 내용을 다시 필기한다.
- 교과서에 나와 있는 문제를 모두 푼다.
- 수업 내용이 기억나지 않으면 참고서를 찾아본다.
- 복습 노트를 만든다(토니 부잔의 복습 주기를 활용한다).

7. 수업 몰입하기

몰입이란 하나의 문제에 집중하고 자신의 잠재력을 최대한 발휘하여 문제를 해결하는 능력을 말한다. 수업에서의 몰입은 수업에 집중하여 자신의 잠재력을 최대한 발휘하여 공부를 잘하게 되는 것을 말한다.

수업에 몰입한다는 것은 공부를 잘하는 것만이 아니라 수업에 대한 가치관이나 사고방식이나 습관을 변화시키는 것을 의미한다. 즉, 수업에 대해 긍정적인 생각으로 열심히 들어야 한다는 가치관을 가지면, 수업을 들을 때 자동적으로 집중하게 되고, 이런 태도는 습관으로 정착된다.

몰입은 이처럼 공부를 잘하게 하는 데 중요한 역할을 하지만 더욱 중요한 것은 몰입하면 즐거움을 느낀다는 것이다. 모든 생각을 버리고 오직 수업에 몰두하여 자신의 잠재능력이 발휘되는 것을 느낄 때 사람들은 나름대로의 성취감을 느낀다. 이것이 바로 몰입이 주는 즐거움이다. 몰입의 즐거움을 느끼게 되면 그때부터는 수업에 집중하는 것 자체가 즐거워지고, 원하는 성적을 얻을 수 있게 된다. 이러한 몰입 능력은 무작정 수업에 집중한다고 생기는 것이 아니다. 우선 몰입을 쉽게 하기 위한 방법을 알아야 한다.

수업 몰입은 수업준비부터

- 전날 수업 준비물을 준비한다.
- 수업이 시작되기 전에 필요한 물품을 책상 위에 준비한다.
- 수업이 시작되기 전에 다짐을 한다.
- 수업이 시작되기 전에 잡생각을 비운다.
- 수업 계획표를 작성한다.
- 수업을 예상한다.

수업에 집중하는 방법

- 선생님과 눈을 마주쳐라.
- 다이아몬드 존에 앉아라.
- 모르는 것을 없게 한다.
- 스스로에게 질문한다.
- 중요한 것은 체크한다.
- 선생님의 태도를 분석한다.
- 질문하라.
- 질문에 대답하려고 하자.
- 선생님을 싫어하지 말라.
- 예습한 내용과 수업내용을 비교한다.
- 노트 필기를 한다.
- 공부 잘하는 친구를 보고 욕심을 가진다.
- 어려워도 수업에 따라가라.
- 이미 알고 있는 내용이라면 암기하라
- 단어의 개념을 정확히 하라.

8. 시험공부 전략

시험(試驗, examination)은 학생이 가지고 있는 지식과 문제해결력을 측정하는 것으로, 쉽게 말하면 학생의 학습결과를 평가하는 것이라고 할 수 있다. 이러한 측면에서 '고사' 또는 '평가'라고도 부르며, 중간고사, 모의고사, 대입수학능력시험, 학습능력평가 등이 바로 시험에 해당한다. 시험은 학교에서만 보는 것이 아니라 사회, 직장, 모임에서도 치러지고 있다.

시험의 진정한 목적은 등수를 결정해서 사람을 줄 세우려는 것이 아니라 일정 기간의 학습활동이 끝날 무렵에 공부한 결과를 측정하는 것이다. 따라서 시험은 공부한 결과를 점검하는 기능도 있지만, 시험결과를 통해 어디가 부족한지, 무엇을 보충해야 하는지 교육의 방향과 내용을 결정하는 기능을 더 크게 가지고 있다. 더욱이 시험은 학교 외에도 사회나 회사에서 사람을 선발하거나, 기관을 평가할 때도 사용한다.

시험을 잘 보기 위한 시험공부 원리

- 시험의 목적이 무엇인가(평가, 실력 측정)
- 시험출제 원칙
- 출제자의 의도 파악
- 시험을 잘 보는 방법
- 시험공부 계획
- 시험기간 동안 시간관리

시험공부 공식

시험 성적 = 공부한 양 × 암기력 × 문제해결력

실수를 줄이는 5단계 풀이 방법

읽기

문제를 처음부터 끝까지 읽어 '아닌 것은?' '반대인 것은?' '해당되지 않는 것은?' '관계없는 것은?' '거리가 먼 것은?' 등의 부정적 지문을 찾아낸다. 그리고 '가장 알맞은 것은' '가장 적당한 것은' 등의 '가장' 이라는 지문을 찾아낸다.

판단

암기한 것을 기억해 내는 문제인지, 이해를 묻는 문제인지, 적용을 묻는 문제인지를 판단한다. 판단 단계에서 시험이 어렵거나 문제를 푸는 데 시간이 걸릴 것 같으면 다음 문제로 넘어가고 시간이 남을 때 다시 푼다.

문제 풀기

문제를 풀기 위해서는 필요한 단서가 무엇인지를 찾아야 한다. 단서는 자신의 배경지식뿐만 아니라 출제자의 출제의도를 정확히 파악하는 것이다. 문제를 풀고 나면 찾은 정답이 출제의도에 정확히 맞는지를 다시 확인한다.

검토하기

정답으로 찾은 것이 맞는 것인가 틀린 것인가를 검토한다. 문제를 검토해서 이상이 없으면 다음 문제로 넘어간다. 그러나 검토했다고 해서 완전히 끝내는 것이 아니라 모든 시험문제를 다 풀고 시간이 남으면 읽기 단계부터 다시 하는 것이 안전하다.

표 4-2 실수를 줄이는 5단계 문제풀기

읽기	판단	문제 풀기	정답 찾기	검토하기
• 문제를 처음부터 끝까지 읽는다.	• 암기한 것을 기억해 내는 문제인지, 이해를 묻는 문제인지, 적용을 묻는 문제인지를 판단한다.	• 문제를 풀기 위해 필요한 단서가 무엇인지를 찾아야 한다.	• 종합 사고력으로 합당한 정답을 찾는다.	• 정답으로 찾은 것이 맞는가 틀리는가를 검토한다.

환류

시험공부 계획표를 만들어라

공부에도 계획이 필요하듯이 시험공부에도 계획을 세우는 것이 시간을 효율적으로 사용하는 데 도움이 된다. 실제로 상위 1% 안에 드는 학생 전체가 시험공부 계획표를 작성하는 것으로 나타났다.

벼락치기 시험공부 전략

평상시에는 공부를 하지 않다가 시험 볼 때쯤 많이 공부하는 방법을 벼락치기 공부라 한다. 벼락치기 공부는 공부습관이 형성되지 않은 학생에게 나타나는 현상이다.

벼락치기 공부는 공부를 하지 않던 학생들에게 짧은 시간 동안 효과를 볼 수 있게는 해 줄 수 있지만 장기 기억으로 저장되지 못한다는 것이 문제다. 뿐만 아니라 시험 전날도 벼락치기 공부로 밤을 새우다시피 하기 때문에 정작 학교에서 시험 보는 도중에 졸거나 머리가 맑지 못해서 오히려 암기한 것이 기억나지 않기도 한다. 따라서 벼락치기 공부는 꼭 필요한 때를 제외하고는 하지 않는 것이 좋다.

- 벼락치기를 하려면 문제부터 풀어라.
- 과목순서를 정해서 공부하라.
- 중요한 부분을 파악하라.
- 문제를 많이 풀어라.

시험 전날 시험 준비 전략

- 가벼운 운동으로 시작하라.
- 기출 시험지나 오답노트를 다시 풀어라.
- 최종 연습문제를 풀어 보며 최종 점검하라.
- 시험 전날은 일찍 자라.
- 미리 필요한 시험 물품을 준비하라.

100% 효과 있는 당일 시험 전략

- 시험시간보다 일찍 도착하라.
- 불안과 긴장을 풀어라.
- 시험지를 전체적으로 훑어보라.
- 쉬운 문제부터 풀고 나중에 어려운 문제를 풀어라.
- 문항 전체를 꼼꼼히 읽어라.
- 답을 답안지에 옮겨 표시할 때는 주의 깊게 하라.
- 문제를 다 풀었으면 전체적으로 다시 한번 검토하라.
- 알쏭달쏭한 경우는 답을 고치지 마라.
- 문제가 요구하는 것을 정확히 이해하고 답을 적어라.
  - ~을 비교하라: 두 가지나 그 이상의 사실에 대해서 따로따로 정의를 내린 다음 공통점과 차이점을 정리해야 한다.
  - ~을 증명하라: 제시된 공식이나 개념을 자세한 내용에서부터 전체적인 것으로 적어 나가야 한다.
  - ~을 기술하라: 관련된 사실을 하나씩 써 나가야 하는데, 적절한 예를 들어 준다.
  - ~을 나열하라: 문제가 요구하는 답을 차례대로 적어 나가야 한다.
- 주관식은 정성스럽게 적어라.
- 시험이 끝난 직후 다음 시험만 생각하라.

수행평가에 관심을 가져라

수행평가는 요즘 원래의 목적과는 달리 단순하게 과제를 제출하는 것으로 인식되고 있다. 하지만 수행평가는 내신 성적에 중요한 영향을 미치고 있음을 인식해야 한다. 실제로 내신시험 점수는 상위인데도 수행평가 결과가 좋지 않아 성적이 좋지 않게 나오는 경우도 많다. 따라서 좋은 성적을 얻기 위해서는 수행평가를 가볍게 여기지 말고 관심을 가져야 한다.

수행평가 성적 반영 비율을 보면, 교과별로 차이가 있지만 통상적으로 20~30% 정도를 수행평가가 차지할 정도로 그 비중이 크다. 시험을 아무리 잘 보았더라도 수행평가를 잘 못하면 상대적으로 시험의 효과는 줄어든다. 수행평가를 효율적으로 하는 방법은 다음과 같다.

표 4-3 중학교 수행평가 교과별 성적 반영 비율

구분 / 과목	지필평가		수행평가	지필평가		수행평가
	1학기			2학기		
	중간	기말		중간	기말	
도덕 1, 2	35	35	30	35	35	30
도덕 3		70	30		70	30
국어	40	40	20	40	40	20
수학	40	40	20	40	40	20
사회	40	40	20	40	40	20
과학	40	40	20	40	40	20
체육		30	70		30	70
음악		40	60		40	60
미술		50	50		50	50
기술 · 가정	35	35	30	35	35	30
영어	40	40	20	40	40	20
한문	35	35	35	35	35	30
컴퓨터		50	50		50	50

수행평가의 기본은 글로써 자신의 생각을 표현하고 오랜 준비과정을 거쳐 보고서를 작성하는 것까지 포함된다. 이러한 글쓰기 기술의 종합적 적용능력이 바로 수행평가 작성으로 드러난다고 할 수 있다.

9. 과목별 공부방법

국어 공부방법

국어는 우리말을 바르게 사용함과 동시에 표현과 이해를 정확히 하여 생각하는 힘을 기르는 과목이다. 국어에서 다루는 영역은 어학, 문학, 문법, 작문 영역 등으로 매우 다양하다. 일부 학생들은 '국어는 늘 사용하는 말이니까 쉽다' 는 생각으로 국어공부를 소홀히 하는데 이는 아주 잘못된 생각이다.

국어는 우리가 매일 쓰는 것이지만 문법이나 분석을 생활화하지는 않고 있기 때문에 오히려 생소한 것일 수도 있으므로 외국어이고 학문이라 생각하고 공부하는 것이 바른 생각이다. 국어는 다른 수학이나 영어와 같은 주지교과에 비해 기초가 없어도 열심히 공부하면 충분히 따라갈 수 있고, 성적을 높일 수 있는 과목이다.

- 어휘력을 높인다.
- 교과서에 충실한다.
- 교과서에 필기한다.
- 서술형은 핵심적인 문제를 선택해서 공부한다.
- 다른 선생님의 출제경향도 파악한다.
- 문제집 선택을 잘한다.
- 예습을 철저히 한다.
- 종합적으로 공부한다.
- 교과서를 읽을 때 생각하면서 암기한다.
- 어휘의 의미를 정확하게 파악하면서 암기한다.
- 교과서 밖의 작품들도 폭넓게 읽는다.

영어 공부방법

영어는 주지교과로서 내신 성적이나 입시에서 비중이 매우 큰 과목이다. 영어공부는 예전에 배웠던 지식들이 누적되어 기초를 튼튼하게 해야 효과를 보기 때문에 짧은 시간에 열심히 한다고 해도 성적을 내기가 어려운 과목이다.

기초가 부족한 학생들은 무조건 단어와 문법내용을 암기하는 방식으로 영어공부를 하려고 한다. 그러나 영어는 기초가 한 번 무너진 상태에서는 무조건 단어나 문법을 암기한다고 해결되지 않는다. 영어를 잘하려면 먼저 문장을 외우고 그것을 바탕으로 단어와 문법을 암기하는 것이 좋다.

집을 지을 때 골조를 튼튼히 하고 벽돌을 쌓고 인테리어를 하는 것처럼 영어를 공부할 때 문장을 암기하는 것은 집을 짓는 데 골조를 튼튼히 하는 것과 같다. 문장을 먼저 암기하면 그 문장을 바탕으로 문법이나 단어를 전부 아우르면서 저절로 영어를 습득할 수 있다.

- 단어를 많이 외운다.

- 영문법을 튼튼히 한다.
- 교과서 위주로 공부한다.
- 선행학습을 한다.
- 독해연습을 많이 한다.
- 작문연습을 많이 한다.
- 눈으로만 암기하지 말고 손으로 암기한다.
- 입으로 암기한다.
- 분석한 후 암기한다.
- 스스로에게 질문하면서 암기한다.
- 발음을 우리말과 연관시켜 암기한다.
- 한국어보다는 영어회화를 자주 사용한다.

수학 공부방법

중학교에 진학한 학생들의 실력 차이를 결정짓는 데 수학은 매주 중요한 과목이다. 수학은 주로 빠르고 정확한 계산능력을 요구하는 문제 위주로 출제되고 있다. 고등학교 시험에서는 배운 범위에서만 문제를 출제하는 것이 아니라 이전 단원까지 포함하기도 하며, 전체적인 문제의 수준이 높고 복잡한 계산문제로 변별력도 높다.

수학시험을 대비하기 위해서는 교과서에 있는 문제들은 전부 풀어 보아야 하며, 평소 많은 문제풀이를 통해 계산능력을 향상시키는 것은 기본이고 논리적인 서술형 문제 풀이도 해야 한다. 사실, 수학시험 문제만큼 응용하기 쉬운 것도 없다. 고득점을 받기 위해서는 심화문제에 대한 적응력을 키워야 하고, 활용문제를 많이 풀어 보는 것이 효과적이다. 무엇보다 중요한 것은 수학시험은 문항 수에 비해 시험시간이 짧기 때문에 빠른 시간에 문제를 풀 수 있도록 공부해야 한다. 모르거나 어려운 문제는 나중에 시간이 남을 때 풀도록 하자.

- 공식을 모르면 대입한다.
- 공식을 암기한다.
- 이해하고 암기한다.
- 쉬운 문제부터 푼다.

- 문제를 풀고 검토한다.
- 중요한 공식만 암기한다.
- 응용문제를 많이 푼다.
- 기초가 부족하면 처음부터 다시 시작한다.
- 복습을 많이 한다.
- 오답노트를 작성한다.

과학 공부방법

과학은 대자연의 오묘하고도 신비스러운 현상을 연구하여 자연 속에 숨겨진 질서와 비밀을 찾아내고, 이것을 이용하여 미래를 설계하는 과목이다. 과학은 물리, 화학, 생물, 지구과학 등으로 구성되어 있다.

과학에서 다루는 자연현상은 재현이 가능하다. 자연과학은 이러한 특성에 따라 실험이 가능하고, 자연현상 속에서도 나름대로의 진리나 법칙을 찾아내려는 특징이 있다. 학생들은 과학 과목에 대해 실험과 관찰만 하면 된다고 가볍게 생각하는 경향이 있다. 그러나 과학은 단순한 실험 실습에 참여해 이해만 한다고 해서 공부가 다 되는 것이 아니라 암기가 필요한 과목이다.

실험과 관찰만 하면 된다고 생각하는 학생들은 과정이 단순하게만 느껴져 과학이 재미없는 과목이 되기 쉽다. 과학 과목의 암기법은 한마디로 원리를 파악하고 암기를 해야 하는 과목이다. 원리를 알아야 실험과 관찰도 재미있는 공부가 된다.

과학은 사회와는 달리 이해와 암기가 종합적으로 섞인 과목이다. 따라서 원리를 이해하지 못하고 탐구력, 분석력, 추리력, 문제해결과 같은 사고력이 부족하면 어렵게 느껴지는 과목이다. 과학공부를 잘하기 위해서는 수업시간에 단원마다 원리가 무엇인지, 그에 따른 원인과 결과가 어떨지 생각을 하면 과학공부에 대한 이해도를 높일 수 있다. 아울러 나타난 사실에서 무엇이 중요한지를 분석해 중요한 것만 찾아서 암기하는 것이 효과적이다.

- 과학은 영역 간에 형평성을 유지한다.
- 실험을 집중적으로 공부한다.
- 과학 용어를 이해한다.
- 이야기로 만들어 암기한다.

- 그림으로 만들어서 암기한다.
- 실험과 관찰을 하면서 원인과 결과를 생각하며 암기한다.
- 그래프나 도표, 그림을 암기한다.
- 오답노트를 만들고 약점을 암기한다.

사회 공부방법

사회는 일반사회나 역사, 지리 등의 과목으로 구성되어 있어서 그 어떤 과목보다 암기할 내용이 많다. 그래서 그런지 사회 과목을 암기 과목이라고 생각하기 쉽다. 이 때문에 이해를 주로 요구하는 과목인 수학이나 과학을 좋아하는 학생들일수록 단순한 암기를 해야 하는 사회 과목을 재미없어 하는 경우가 많다. 내용이 많아서 일일이 암기하는 것이 매우 귀찮기 때문이다.

사회 과목을 암기 과목이라고만 단정짓지 말고 이해와 같이 병행하면 의외로 쉽게 암기할 수 있는 방법이 있다. 특히 전반적으로 모든 과목의 성적이 낮은 학생일수록 사회 과목에 대한 암기방법만 익힌다면 바로 성적을 올릴 수 있다.

- 용어의 개념을 명확히 하고 암기한다.
- 개념을 연결하거나 개념도를 만들어서 암기한다.
- 나뭇잎보다는 가지를 보는 암기를 한다.
- 문제를 많이 푼다.
- 배경지식을 활용하여 암기한다.

10. 공부습관 바꾸기

우리가 어떤 습관을 갖느냐에 따라 공부에 대한 효과가 달라진다. 공부를 할 때는 가장 효율적으로 진행할 수 있는 공부습관을 길들이는 것이 좋다. 그 습관대로 공부를 진행하면 확실하게 마무리지을 수 있고 공부의 효율성이 증가하기 때문이다. 또한 지금 하고 있는 공부가 끝난 다음에 무슨 공부를 해야 하는지 정확하게 알고 있기 때문에 지금 하는 공부에 열중할 수 있다.

- 공부의 우선순위를 결정한다.
- 감당할 수 없는 공부는 대책을 세운다.
- 어려울 때는 확실히 포기한다.
- 완벽주의에서 벗어난다.
- 자리에 앉자마자 시작한다.
- 어떤 공부든 잘할 수 있다고 결심한다.
- 공부하는 자세를 바로 한다.
- 궁금하면 바로 질문한다.
- 학습장소를 바꿔 본다.

제5장

학습자원관리는 공부의 열매

공부를 잘하기 위해서는 주변의 학습자원도 긍정적으로 작용해야 한다. 학습자원이란 학습자의 학습에 영향을 주는 자원으로 크게 인적자원과 물적자원이 있다.

인적자원에는 부모, 교사, 친구, 학원 강사가 있으며, 물적자원에는 공부방, 교실, 책상, 의자, 교재, 참고서, 문제집, 컴퓨터, 휴대전화, 시간, 스트레스, 학원, 인터넷 강의 등이 있다.

학생들이 아무리 학습동기에 따라 학습목표를 세우고 학습전략을 알고 적용하려고 하더라도 주변의 학습자원들이 효율적으로 관리되지 못하면 좋은 결과를 얻기 어렵다.

1. 시간관리 전략

성공하고자 하는 사람들은 평소에도 시간관리를 열심히 한다. 공부를 잘하는 학생들도 결국은 시간관리에서 성공한 경우가 대부분이다. 이들은 시간의 중요성을 깨닫고 많은 시간을 공부에 투자하여 성공하고, 나아가 효율적인 시간관리 방법을 깨닫게 되면서 실력을 다진 것이다. 시간관리 전략이란 자신에게 주어진 시간들을 면밀히 분석하여 쓸모없는 곳에 시간을 낭비하지 않고, 최소한의 시간에 최대한의 효과를 보기 위하여 노력하는 것이다. 또한 아무리 바빠도 공부를 위해서는 자투리 시간이라도 모아서 투자한다.

- 시간관리의 기본 우선순위를 결정한다.
- 급하지만 중요하지 않은 공부보다 급하지 않고 중요한 공부를 먼저 한다.
- 과거의 공부보다는 미래의 공부를 먼저 한다.
- 작은 공부보다는 큰 공부를 먼저 한다.
- 부분적인 공부보다는 핵심적인 공부를 먼저 한다.
- 쉬운 공부보다는 어려운 공부를 먼저 한다.

표 5-1 해야 할 일의 우선순위

중요하고 급한 일	숙제, 시험공부
중요하지만 급하지 않은 일	예습, 복습 등의 평소 공부, 독서, 진로탐색
중요하지는 않지만 급한 일	친구의 방문, 문자, 전화
중요하지도 않고 급하지도 않은 일	무의미한 수다, 게임, TV시청

계획 세우기

- 효율적인 계획을 세우려면 먼저 자신의 시간 사용부터 점검해 보아야 한다.
- 시간 사용을 점검하는 시간일기나 시간 기록을 해 보면 자신이 쓰고 있는 시간을 파악할 수 있다.
- 요일별로 고정시간을 제외한 가용시간을 계산하여 기록해 둔다.
- 가용시간 범위 안에서 공부 목표와 계획을 배정한다.
- 공부 계획에는 꿈과 목표 달성을 위한 과제가 들어 있어야 한다.
- 계획 실천을 방해할 수 있는 장애요인도 미리 파악하고 계획을 세워야 한다.
- 해야 할 공부의 우선순위를 정해두고 실천해야 한다.
- 계획은 구체적으로 작성해서 실행 여부를 정확하게 측정할 수 있어야 한다.
- 계획의 연기처리도 고려해야 한다.
- 시간 중심보다는 분량 중심으로 계획을 세우는 것이 좋다.

- 연간–월간–주간–일간 계획 순으로 세우는 것이 좋으나 습관이 되지 않은 시기에는 하기 쉬운 것부터 세워 본다.
- 계획을 세운 다음에는 지켜 나가려는 피드백을 자신과 끊임없이 해야 한다.

시간도둑

시간관리의 전문가 하이럼 스미스는 의도하지 않게 시간을 뺏기거나 낭비하게 하는 요인을 시간도둑이라고 하였다. 시간도둑을 외적인 요인과 내적인 요인으로 구분하면 〈표 5-2〉와 같다.

표 5-2 시간도둑

외적인 요인	내적인 요인
방해에 의한 중단, 불분명한 정의, 불필요한 대화, 과도한 공부, 커뮤니케이션 부족, 우선순위의 변경과 충돌, 부모의 심부름, 소음 등	무기력한 태도, 개인적 혼란, 건망증, 남의 말을 못 알아듣는 것, 우유부단함, 실천력 부족, 완수하지 않은 공부의 방치, 정리되지 않은 공간, 뒤로 미루기, 외부활동, 불분명한 목표, 엉성한 계획, 괜한 걱정, 과도한 의욕 등

시간도둑의 요인은 각 개인과 그 개인의 생활방식에 따라 다를 수 있다. 어떤 사람에게는 시간도둑인 것이 어떤 사람에게는 아니기 때문이다. 어떤 요인이든 자신이 가지고 있는 시간도둑은 빨리 제거하도록 노력해야 한다.

자투리 시간 활용 전략

공부를 하는 학생들은 시간이 없다는 핑계를 댄다. 그러나 역설적으로 이야기하면 시간이 없다고 이야기할 수 있는 것은 그만큼 여유가 있는 것이다. 정말 바쁜 사람은 바쁘다는 생각을 할 수 없을 만큼 바쁘기 때문이다. 하루를 돌이켜 보며 자신이 활용할 수 있는 자투리 시간이 얼마나 많은가 생각해 보라. 생활 속에서 자투리 시간만 모아 잘 관리해도 웬만한 성공은 거둘 수 있다. 그러나 꼭 시간이 많다고 성공을 보장하는 것은 아니다. 다만 주어진 시간을 어떻게 하면 짜임새 있게 잘 사용하느냐가 성공의 관건이 된다. 즉, 일을 할 때는 작은 일과 큰 일을 골고루 해야 한다는 것이다. 큰 일을 먼저 하되 중간중간 자투리 시간을 이용하여 작은 일을 하는 습관을 갖는다면 자기가 원하는 목표를 도달하는 데 도움이 된다.

- 걸어다닐 때도 공부계획을 세운다.
- 점심을 먹고 남는 시간을 활용한다.
- 등하교 때 버스나 전철을 타고 다니는 시간도 공부한다.
- 자율학습 시간을 이용해서 공부한다.
- 휴식 시간 중 남는 시간을 이용해서 공부한다.
- 화장실에 있는 시간을 활용하라.
- 전화통화도 계획을 세워서 한다.

자투리 시간에 하면 좋은 공부

1) 영어단어 외우기
2) 신문기사 읽기
3) 쉬운 수학문제 풀기
4) 과목별 암기카드 외우기
5) 간단한 학교나 학원 숙제
6) 등하교 시 영어 듣기나 인터넷 강의 듣기
7) 오답노트 정리
8) 배운 내용 5분 복습
9) 배울 내용 5분 예습

가용 공부시간 계산해 보기

공부를 위해서는 매일의 시간을 잘 사용하는 것이 필요하며 시간 사용을 잘하기 위해서는 일일 시간 사용 계획을 작성하고 지키는 것이 중요하다.

계획을 세우기 전에는 자신이 활용할 수 있는 가용시간이 얼마나 되는지 미리 계산해 보는 것이 꼭 필요하다. 가용시간은 24시간 중에서 고정시간을 제외한 시간을 계산해 보면 된다. 고정시간에는 다음과 같은 일들이 있다.

- 학교 수업시간
- 학원 시간
- 과외 수업시간
- 이동시간
- 식사시간
- 수면시간
- 세면시간
- 준비시간

활동지 23 가용 공부시간 계산하기

이 활동지는 하루 중 자신이 쓸 수 있는 가용시간이 얼마나 되는지 계산해 보기 위한 것입니다. 고정시간을 표시하고 난 후 나머지 시간을 더하면 요일별 가용시간이 얼마나 되는지 알 수 있습니다.

구분	월	화	수	목	금	토	일
07:00							
08:00							
09:00							
10:00							
11:00							
12:00							
13:00							
14:00							
15:00							
16:00							
17:00							
18:00							
19:00							
20:00							
21:00							
22:00							
23:00							
24:00							

※ 가용 공부시간 = 24시간 - 고정시간

가용 공부시간 중 공부시간 정하기

	월	화	수	목	금	토	일
가용 공부시간							
공부시간							
휴식시간							

활동지 24 연간 학습계획표 작성하기

연간 학습계획표를 작성해 보세요.

목표	1월	2월	3월	4월	5월	6월	7월	8월	9월	10월	11월	12월	비고

활동지 25 월간 학습계획표 작성하기

공부와 관련된 월간 일정을 적고 월마다 작은 칸에 날과 요일을 표시하세요.

구분	SUN	MON	TUE	WED	THU	FRI	SAT
1주							
2주							
3주							
4주							
5주							

활동지 26 주간 학습계획표 작성하기

주간 학습계획표

수행 결과 표시법: 완료 ∨, 포기 ×, 연기 →, 축소 ▽

주간 계획	진행 결과	□월
		S M T W T F S 1 2 3 4 5 6 7 8 9 10 11 12 13 14 15 16 17 18 19 20 21 22 23 24 25 26 27 28 29 30

1 MON		2 TUE		3 WED	
4 THU		**5 FRI**		**6 SAT**	
				7 SUN	

활동지 27 일일 학습계획표 작성하기

일일 학습계획표

①		
________ 년	오늘의 컨디션	좋음 보통 나쁨
________ 월	오늘의 날씨	맑음 흐림 비 눈
________ 일	기상시간	____시 ____분
	취침시간	____시 ____분

② 오늘의 학습목표

수행 결과 표시법: 완료 ∨, 포기 ×, 연기 →, 축소 ▽

우선순위	공부	공부 대상	수행 결과	결과 참조

③ 오늘의 일정

시간	공부 내용	시간	공부 내용
07:00		15:00	
08:00		16:00	
09:00		17:00	
10:00		18:00	
11:00		19:00	
12:00		20:00	
13:00		21:00	
14:00		22:00	

2. 부교재 선택 전략

부교재는 자습서, 참고서, 문제집 등을 말한다. 자습서와 참고서의 구별은 구체적으로 명확하게 구별하기가 어려운데, 자습서는 혼자서 공부할 수 있도록 텍스트를 친절하게 설명한 것이고, 참고서는 사전, 전문 잡지 등 부분적으로 필요할 때 참고할 수 있는 내용이 담긴 것이라고 할 수 있다. 결국 참고서와 자습서는 스스로 배워 익힐 수 있게 만든 책을 말하며, 학생이라면 누구나 과목당 한두 권의 자습서나 참고서를 가지고 있을 것이다. 따라서 이왕이면 공부에 도움이 되는 것을 구입하는 것이 좋다.

참고서 선택 방법

- 시험 기간이 얼마 남지 않았다면 요점만 간단히 정리되어 있는 참고서가 공부할 내용을 요약 정리하는 데 도움이 된다.
- 특히 핵심 내용의 요점 정리가 잘되어 있는 것이 좋다.
- 참고서에 제시된 문제는 자신의 수준에 맞는 문제가 많은 것이 좋다.
- 교사들도 참고서를 보고 문제를 출제하기 때문에 선배들에게 물어봐서 기출문제가 많이 출제된 참고서를 선택하는 것이 좋다.

문제집 선택 방법

문제집은 지금까지 공부한 것을 잘 암기하였지를 최종적으로 확인하는 데 사용하면 도움이 된다.

- 학교에서 사용하는 교과서의 출판사와 같은 출판사의 문제집을 사용하는 것이 좋다. 교사들은 대부분 교과서의 내용에 가장 충실한 문제를 많이 내기 때문이다(A학교의 과학 교과서가 ○○출판사 것이면, 문제집도 ○○출판사 것을 사용한다).
- 각 과목당 문제집은 한 권이 가장 적절하다. 욕심을 부려 2~3권을 사면 하나도 제대로 끝마치지 못하고 낭비만 할 수 있다. 따라서 한 권을 모두 풀고도 시간이 남으면 다른 문제집을 산다.

- 대형 서점의 문제집 담당자에게 여러 가지 문제집 중에서 가장 반응이 좋은 것을 추천받아 구입한다. 만약 골고루 반응이 좋다면 자신의 수준에 맞고 설명이 잘되어 있는 것을 선택한다.

문제집 사용 요령

첫 번째 문제를 풀 때는 답을 직접 문제지에 적지 말고, 연습장에 답을 적는다. 처음 문제지를 풀 때 답을 체크해 놓으면 또다시 풀기가 싫어져 어쩔 수 없이 다시 문제집을 사게 된다.

따라서 연습장에 써 놓은 답을 비교하여 틀린 것은 문제 앞에 빨간 펜으로 ✓표시해 놓고, 3일에 한 번씩 틀린 문제를 몰아서 푼다. 아는 문제는 다시 풀 필요가 없으므로 틀린 문제만 풀어 시간을 절약한다.

3. 학원 선택 전략

한국교육개발원(KEDI)의 성적과 과외 여부 및 학습 태도의 상관관계를 학생들의 5년간의 성적을 가지고 분석한 결과를 보면, 과외 유무와 상관없이 학습 태도가 좋은 학생들은 성적이 많이 올랐고 보통인 학생들은 조금 올랐으나 태도가 나쁜 학생들은 오히려 성적이 떨어졌다. 그리고 학교 성적이 상위 20% 이내인 학생들은 10명 중 7명이 평소 학교 수업에 열중하고 숙제를 잘하는 등 학교 수업 태도가 매우 양호한 것으로 나타났다. 또한 예습과 복습 등 학교 수업에 충실하고 책을 많이 읽는 학생이 성적도 우수한 것으로 나타났다. 이들 상위권 학생은 수업시간에 질문을 하거나 예습과 복습을 하는 비율이 높고, 독서를 좋아하거나 부모가 자주 서점에 데려가서 책을 사 주는 경우가 많은 것으로 조사됐다.

가끔 명문대학에 수석으로 입학한 학생들의 성공담에, "나는 학원 문턱에도 가지 않았지만 수석을 했다."라는 소감을 밝히는 것을 자주 본다. 결국 학습 태도가 좋은 학생들에게는 사교육이 효과가 있을지 몰라도, 공부에 흥미가 없거나 학습 태도가 나쁜 학생에게 사교육은 오히려 역효과를 가져올 수도 있다. 공부에 흥미가 없기 때문에 학원에 가도 시간만 어영부영 때우는 것이다.

학원을 선택할 때는 다음과 같은 기준을 보고 정하도록 한다.

- 단과학원보다 종합학원을 선택한다.
- 정확한 지식이 없다면 브랜드 학원을 선택한다.
- 스파르타식과 아테네식은 자신에게 맞아야 한다.
- 개인지도는 꼼꼼히 따져 보고 한다.
- 수준별 수업을 진행하는가를 점검한다.
- 가깝고 교통이 편리한 학원을 선택한다.
- 학원비가 적절한지, 환불 규정이 명확한지 살펴본다.
- 자습실, 휴게실 등 편의시설을 확인한다.
- 성적이 당장 오르지 않는다고 학원을 자주 바꾸는 것은 좋지 않다.

4. 스트레스 관리 전략

옛말에 "기가 막혀 죽겠다."라는 말은 바로 스트레스를 받아서 죽겠다는 말과 같은 의미다. 실제로 스트레스를 받게 되면 맥이 꽉 막혀 소화가 되지 않고 두통이 생기면서 가슴이 답답해지는데, 이보다 더 심해지면 혈압이 올라서 뇌졸중이 올 수도 있다. 그만큼 스트레스는 위험하고 무서운 것이다.

최근의 한 조사에 따르면, 고등학생의 86.4%가 시험 스트레스에 시달리고 있다

표 5-3 스트레스

	스트레스를 잘 받는 사람	스트레스를 잘 받지 않는 사람
성격	내성적	외향적
	부정적	긍정적
	강박	여유
	주관적	객관적
	예민함	둔함
	이기적	이타적
	완벽	대충
경험	적음	많음
식습관	인스턴트 식품	자연 음식
체질	태음인과 소음인	태양인과 소양인

고 한다. 실제로 스트레스가 많은 수험생은 시험 당일이면 식은땀이 나고 불안해져서 공부한 것도 기억나지 않는다고 한다. 결국 스트레스가 심하면 성적이 제대로 나오지 않는 것은 물론이고 학습 효과도 줄어든다.

스트레스가 항상 해롭기만 한 것은 아니라서 동기를 부여하고 창조적인 에너지를 불러일으켜 긍정적으로 작용할 수도 있지만, 사람을 심약하게 하거나 기분을 나쁘게 만들어 부정적으로 작용할 수 있다. 또한 건강한 상태에서 적절한 스트레스는 공부의 능률을 올릴 수도 있으나 심약한 상태에서는 적은 스트레스로도 공부의 능률을 현저히 저하시킬 수 있다. 스트레스 해소 방법으로 다음과 같은 것이 있다.

- 하루에 한 번은 가볍게 규칙적인 운동을 하여 몸의 스트레스를 풀어 준다.
- 해야 할 공부의 목록을 만들어 보고 우선순위를 정해 가장 중요한 공부를 먼저 하도록 한다.
- 커피나 콜라, 인스턴트 식품 등 가공된 고열량 음식보다는 채소, 생선, 과일 등 비타민과 단백질이 많이 함유된 음식을 섭취한다.
- 공부나 시험을 보기 전에 심호흡, 명상, 스트레칭, 규칙적인 기도, 독서 등 신체와 마음을 이완시킬 수 있는 방법을 시행해 본다.
- 자신을 도와줄 수 있는 절친한 친구, 선생님, 선배, 부모님으로부터 도움을 받을 수 있도록 노력한다.
- 공부하는 중간중간 적절한 휴식시간을 갖는다. 휴식시간에는 가벼운 맨손체조를 하거나 심호흡을 하여 신선한 산소를 충분히 보충해 주는 것이 좋다.

5. 공부방 관리 전략

대부분의 학생들은 자신의 공부방을 가지고 있다. 공부방과 친숙해지는 것은 우등생이 되는 첫걸음이다. 공부방의 학습환경을 쾌적하게 유지하려면 다음과 같은 점에 유의하여 환경을 조성하면 공부의 효율성을 높일 수 있다.

- 조명은 적정한 밝기를 유지한다.
- 직사광선이 들어오지 않도록 한다.

- 의자는 편안한 것으로 선택한다.
- 책상은 넓은 것이 좋다.
- 공부방은 쾌적하고 청결하게 한다.
- 책은 눈으로부터 약 30cm의 거리를 두는 것이 좋다.
- 가능한 한 텔레비전은 눈에 띄지 않도록 한다.
- 컴퓨터는 거실에 놓는다.
- 공부 중에 휴대전화는 꺼 놓는다.
- 침대에 누워서 공부하지 않는다.
- 음악을 들으려면 선택해서 듣는다.
- 낮잠을 활용한다.
- 가능한 한 숙면을 취한다.
- 책상 위를 말끔히 치운다.

6. 수면관리 전략

- 잠을 충분히 잔다.
- 낮잠을 활용한다.
- 잠은 최대한 숙면을 취한다.
- 숙면을 취하는 방법
  - 자기 전에 간단한 스트레칭을 한다.
  - 카페인이 든 음료수는 삼가한다.
  - 따뜻한 물에 몸을 담그거나 샤워를 한다.
  - 소음과 빛을 차단한다.
  - 낮잠은 될 수 있는 한 피한다.
  - 방의 온도는 적당하게 유지한다.
  - 자신에게 알맞은 베개를 이용한다.
  - 손발을 따뜻하게 한다.

7. 주변정리 전략

공부를 잘하는 학생들은 정리의 중요성을 꼭 이야기한다. 공부를 지배하는 것이 정리이기 때문이다. 책상이 어지러우면 집중하기가 어려워 공부가 안 되기도 하고, 평소에 제대로 정리해 놓지 않아 노트와 책이 가득 쌓이면 중요한 물건을 어디다 두었는지 몰라서 허둥대기도 한다.

실제로 공부를 잘하는 학생들의 특징을 보면 책상이나 작업 공간이 깨끗하게 잘 정리되어 있다. 주변정리 전략이란 공부를 하기 전이나 끝난 후에 주변정리를 잘해야 공부가 효과적으로 이루어질 뿐만 아니라 효율적으로 공부할 수 있도록 하는 것을 말한다.

- 책상 위를 말끔히 치운다.
- 이전에 쓰던 것은 모두 치운다.
- 과감하게 정리하라.
- 공부가 끝나면 바로 정리하라.

8. 인터넷 강의 수강 전략

- 강의를 듣는 목적을 분명히 하고 듣는다.
- 소요 시간을 고려해서 듣는다.
- 집중할 수 있는 환경을 만들고 듣는다.
- 좋아하는 과목부터 듣는다.
- 과목당 30분씩 듣는다.
- 예습과 복습차원에서 듣는다.
- 의지력이 약한 학생은 부모가 적절히 개입해 듣게 한다.
- 상호작용이 가능한 사이트를 선택한다.
- 교재와 강사를 보고 선택한다.
- 회원 가입 수가 많은 사이트를 선택한다.
- 무료 인터넷 강의를 우선적으로 고려한다.

참고문헌

교육부(2007). 제7차 교육과정 편성과 운영. 교육부.

교육부(2000). 제7차 중학교 학교 교육과정 편성 · 운영의 이해. 교육부.

교육부(1999). 중학교 교육과정 해설(I, V). 교육부.

교육부(2001). 특별활동-중학교 교사용 지도서.

김봉환 외(2001). 학교 진로 상담. 서울: 학지사.

김충기(1997). 생활지도와 상담. 서울: 교육과학사.

김충기(2000). 진로교육과 진로상담. 서울: 동문사.

대학교육협의회(2011). 2012학년도 대입 전형계획 및 입학사정관제 선발 사례. 대학교육협의회.

서울대학교(2010). 고등학교 학생과 선생님을 위한 서울대학교 입학사정관제 안내. 서울대학교.

서울시교육연구원(2000). 디지털시대의 진로 교육. 서울시교육연구원.

서울특별시교육연구원(1991). 학부모를 위한 진로 지도 100문 100답. 서울특별시교육연구원.

서울시교육청(2000). 바람직한 중학생 진로교육과 학부모의 역할.

전도근(2003). 자격증 이야기. 서울: 일진사.

전도근(2004). 한방에 끝내는 취업 전략. 서울: 크라운 출판사.

전도근(2009). 자기주도적 공부습관을 길러주는 학습코칭. 서울: 학지사.

전도근(2009). 명강사가 되기 위한 명강의 비법. 서울: 학지사.

전도근(2010). 학습동기유발 전략. 서울: 학지사.

전도근(2010). 읽기능력 향상 전략. 서울: 학지사.

전도근(2010). 쓰기능력 향상 전략. 서울: 학지사.

전도근(2010). 사고력 향상 전략. 서울: 학지사.

전도근(2010). 주의력 향상 전략. 서울: 학지사.
전도근(2010). 암기력 향상 전략. 서울: 학지사.
전도근(2010). 스터디 플래너. 서울: 학지사.
전도근(2010). 엄마표 자기주도학습. 서울: 북포스.
전도근(2010). 엄마표 초등 읽기 쓰기 길잡이. 서울: 북포스.
전도근(2011). 인성지도. 서울: 학지사.
전도근(2011). 진로직업지도. 서울: 학지사.
전도근(2011). 독서지도. 서울: 학지사.
전도근(2011). 창의력 향상 전략. 서울: 학지사.
전도근(2011). 공부의 달인을 만드는 시험공부 전략. 서울: 학지사.
전도근(2011). 취업 바이블. 서울: 해피앤북스.
장석민(1998). 진로교육의 이론과 실제. 한국교육개발원.
정재훈(2000). 사이버의 미래직업 여행. 동의공업대학.
충청북도교육과학원(2002). 나의 꿈 나의 미래. 충청북도교육과학원.
한국직업능력개발원(1998). 한국인의 진로유형에 따른 진로 교육모형 개발. 한국직업능력개발원.

저자 소개

전도근

공주대학교 일반사회교육과를 졸업하고, 경희대학교 교육대학원에서 교육공학을 공부하였으며, 홍익대학교에서 평생교육정책으로 박사학위를 받았다. 의정부고등학교와 의정부여고, 화수고등학교에서 16년간 교사로 학생들을 지도하였고, 2년간 경기도 교육청에서 경기지역 평생교육정보센터를 운영하였으며, 강남대학교에서 5년간 강의하였다. 지금까지 교육, 컴퓨터, 요리, 자동차, 서비스 등과 관련된 50개의 자격증을 취득하였으며, 각 대학교, 지자체, 교육청, 평생교육원, 국가전문행정연수원 및 각종 기업체 연수원 등에서 3,000여 회 이상 특강을 하였다. 제1회 평생학습대상 특별상을 수상하였고 SBS 「순간포착 세상에 이런 일이」, KBS 「한국 톱텐」 등에 소개되었다. 지금까지 『엄마는 나의 코치』 『공부하는 부모가 공부 잘하는 자녀를 만든다』 『생산적 코칭』 『명강사를 위한 명강의 전략』 『자기주도적 공부습관을 길러주는 학습코칭』 등 150여 권의 저서를 집필하였다.

HASA 프로그램 시리즈 ③

전도근 박사의 자기주도학습 학생용 워크북

2012년 7월 16일 1판 1쇄 발행
2013년 8월 30일 1판 2쇄 발행

지은이 • 전 도 근

펴낸이 • 김 진 환

펴낸곳 • (주) 학지사

121-837 서울시 마포구 서교동 352-29 마인드월드빌딩 5층

대표전화 • 02) 330-5114 팩스 • 02) 324-2345

등록번호 • 제313-2006-000265호

홈페이지 • http://www.hakjisa.co.kr
커뮤니티 • http://cafe.naver.com/hakjisa

ISBN 978-89-6330-913-2 04370
978-89-6330-638-4 (set)

정가 8,000원